墨香财经学术文库

基于土地流转的订单农业供应链运营策略与契约设计

Operation Strategy and Contract Design of Contract Farming Supply Chain Based on Land Transfer

王聪 著

东北财经大学出版社
Dongbei University of Finance & Economics Press
大连

图书在版编目（CIP）数据

基于土地流转的订单农业供应链运营策略与契约设计 / 王聪著. —大连：东北财经大学出版社，2024.4

（墨香财经学术文库）

ISBN 978-7-5654-5051-8

Ⅰ.基… Ⅱ.王… Ⅲ.农业-供应链管理-运营管理-研究 Ⅳ.F306

中国国家版本馆CIP数据核字（2023）第255741号

东北财经大学出版社出版发行

大连市黑石礁尖山街217号 邮政编码 116025

网 址：http://www.dufep.cn

读者信箱：dufep@dufe.edu.cn

大连永盛印业有限公司印刷

幅面尺寸：170mm×240mm 字数：120千字 印张：8.5 插页：1

2024年4月第1版 2024年4月第1次印刷

责任编辑：孙 平 责任校对：吴 奂

封面设计：原 皓 版式设计：原 皓

定价：48.00元

教学支持 售后服务 联系电话：（0411）84710309

如有印装质量问题，请联系营销部：（0411）84710711

作者简介

王聪，博士，东南大学博士后，大连海事大学航运经济与管理学院副教授、硕士生导师，主要研究方向为订单农业供应链管理、电子商务供应链管理、低碳供应链管理，作为主要参与人参与国家自然科学基金5项，主持省级课题3项，发表领域内知名期刊论文20余篇。

前言

订单农业对降低供应链风险、促进现代农机设备的应用、降低种植成本、提高农业产量、提高农民市场参与度具有重要作用。国家“十五”计划纲要明确指出：大力促进农业产业化经营，推广“公司加农户”“订单农业”等多种形式。然而，我国农地具有碎片化的特点，据农业农村部发布的数据，2003 年，中国农户平均土地经营规模约为 7.5 亩，户均 5.7 块，表明了我国农业用地分散在小农户手中。随着农业生产各环节机械化水平的提高，碎片化土地不利于大型农业机械的利用及其作业效率的提高。土地流转是解决农业土地碎片化问题的主要手段，土地流转政策的推进促成了土地规模经营，为订单农业的进一步发展创造了条件，非常有必要创新农户通过土地流转参与订单农业供应链运营的模式，促进农村一二三产业融合发展，让农民合理分享全产业链增值收益。

本书从订单农业供应链契约建立时点、信息共享、融资渠道、土地流转方式等几个方面，提出了不同的供应链运营策略。通过博弈建模的方法，从理论层面深入分析不同运营策略的采用条件，以及给供应链成员收益和社会福利带来的影响。本书为订单农业供应链运营模式创新提供了新思路，为政府有关部门有效推动订单农业发展提出了一定的建议。

全书主要内容如下：

第1章，主要介绍了土地流转政策出台后，我国发展订单农业实现现代化的背景与意义，并针对订单农业供应链组织模式与契约设计问题、土地流转作用和定价问题，以及供应链运营策略问题研究现状进行综述并评述，为后续研究奠定基础。

第2章，将订单农业供应链的农业订单建立时点分为种子价格公布前和种子价格公布后两种，讨论了两种契约建立时点策略给供应链成员经营决策和收益带来的影响，并分析了消费者剩余和社会福利的变化。

第3章，针对订单农业供应链中公司掌握更多的市场信息的情况，提出公司将市场预测信息和生产建议与农户分享的供应链运营策略。讨论了公司与农户共享信息这一策略对订单农业供应链运营决策和绩效带来的影响，以及策略实施前后消费者剩余和社会福利的变化。

第4章，针对订单农业供应链中公司具有更强的资金实力，提出农户在融资生产时既可以选择银行融资，也可以选择从公司处进行供应链融资两种融资策略。讨论了这两种融资策略对订单农业供应链运营决策和绩效带来的影响，以及消费者剩余和社会福利的变化。

第5章，针对传统“公司+农户”型订单农业供应链，设计了一种基于土地流转的订单农业供应链合作策略。在这种合作模式下，农户流转土地后，通过职业农民身份参与公司的生产经营。讨论了这种合作策略给供应链成员经营决策和收益带来的影响，并分析了消费者剩余和社会福利的变化。

第6章，针对传统“公司+农户”型订单农业供应链，设计了一种基于土地流转的订单农业供应链合作模式和与之匹配的订单契约，并考虑了政府补贴在订单农业供应链运营中的作用。在这种合作模式下，农户流转土地后，公司和农户按比例共享农产品收入。讨论了这种合作策略给供应链成员经营决策和收益带来的影响，并分析了策略实施前后消费者剩余和社会福利的变化。

第7章，对全书研究内容进行总结并得出一些管理启示。

本书的出版受到江苏省博士后资助后科研资助计划（2021K347C）、辽宁省自然科学基金项目（2020-BS-068）、国家自然科学基金（71431002）、教育部人文社会科学研究规划基金项目（21YJAZH070）的资助。在此，特向以上资助单位和合作者表示诚挚的谢意。

由于编写时间仓促，作者水平有限，书中难免有不妥之处，敬请广大读者不吝赐教。

作　者

2023年10月

目录

第1章　绪论

1.1　本书背景与意义

1.1.1　本书背景

中央一号文件连续20年（2004—2023年）聚焦“三农”问题。2015年国家出台了土地承包经营权有偿退出相关政策，2017年中央一号文件更是明确指出：允许地方多渠道筹集资金用于土地承包经营权的有偿退出。土地制度改革促进了农业土地的集中化、规模化以及新型农业经营主体的培育，订单农业应运而生，并受到我国政府的高度重视。订单农业又称合同农业或契约农业，是指在农业生产之前，农民与企业或中介组织签订具有法律效力的产销合同，农民根据合同组织生产，企业或中介组织按合同收购农民生产的产品的一种农业经营形式。订单农业对降低供应链风险，促进现代农机设备的应用，降低种植成本，提高农业产量，提高农民市场参与度具有重要作用。国家“十五”计划纲要明确指出：大力促进农业产业化经营，扶持龙头企业，推广“公司加农户”“订单农业”等多种形式。

土地流转是解决农业土地碎块化问题的主要手段（Dijk，2002），并为农业现代化的实施提供了基础条件（马晓河等，2002）。国家“十三五”规划纲要明确指出：依法推进土地经营权有序流转，通过代耕代种、联耕联种、土地托管、股份合作等方式，推动实现农业适度规模经营，并通过创新农业经营组织方式，构建现代农业经营体系。订单农业是农业现代化发展中的重要生产经营模式，在推进农业产业化发展方面发挥重要作用，中央一号文件明确提出鼓励农户通过订单农业融入农业产业链。

土地流转政策的推进促成了土地规模经营，为订单农业的进一步发展创造了条件，非常有必要创新农户通过土地流转参与订单农业运营的全产业链协作模式，促进农村一二三产业融合发展，让农民合理分享全产业链增值收益。另外，农业补贴一直在保障粮食安全，调节农产品结构方面发挥重要作用。然而，我国农业补贴机制仍存在不合理而导致的补贴效率低等问题。2017年中央一号文件明确指出要进一步完善农业补贴制度，并增加农业补贴政策的指向性和精准性。本书的研究试图探寻农户直接或间接通过土地流转方式参与订单农业的供应链成员间协作模式，并从订单农业供应链契约建立时点、信息共享、融资渠道、土地流转方式等几个方面，提出了不同的供应链运营策略。从理论层面深入分析不同运营策略的采用条件，以及给供应链成员收益和社会福利带来的影响，以期为订单农业供应链运营模式创新提供新思路，为政府有关部门有效推动订单农业发展，实现农业现代化提供一定的参考。

1.1.2 相关概念的界定

（1）土地流转

土地流转是指土地使用权流转。土地使用权流转的含义，是指拥有土地承包经营权的农户将土地经营权（使用权）转让给其他农户或经济组织，即保留承包权，转让使用权（梅福林，2006）。

（2）订单农业

订单农业，又称合同农业或契约农业。它是指在农业生产之前，农民与企业或中介组织签订具有法律效力的产销合同，由此确定双方的权利与义务关系，农民根据合同组织生产，企业或中介组织按合同收购农民生产的产品的一种农业经营形式（刘凤芹，2003）。

1.1.3 本书意义

（1）理论意义

本书从现代供应链运营的视角，设计订单农业供应链运营策略和匹配的契约机制，并探讨不同订单契约模式下农业供应链成员的运营决策和绩效，不仅可以为订单农业供应链运营模式创新提供新思路，为订单农业供应链契约的制定和运营决策提供新思路和方法，而且能够促进系统优化理论和博弈理论的交叉融合，丰富农业供应链运作管理研究的理论。

（2）现实意义

本书为订单农业供应链运营提供了策略方法，并为不同运营策略提供更有效的契约方案，有利于提高订单农业契约履约效率，促进订单农业的发展，提高农业产业和农民收入；通过量化不同运营策略下的订单农业供应链绩效，可以提高政府制定相应激励、补贴政策的准确性和科学性。

1.2 文献综述

与本研究有关的文献主要涉及订单农业供应链组织模式与契约设计问题研究、土地流转作用与定价问题研究和供应链运营策略问题研究三个方面，故下面从这三个方面进行综述。

1.2.1 订单农业供应链组织模式与契约设计

关于订单农业供应链的研究主要集中在订单农业供应链组织模式、订单农业供应链契约定价与产量决策研究、订单农业供应链协调策略研究三个方面。

（1）订单农业供应链组织模式

“公司+农户”是订单农业的最普遍经营模式（Guo等，2007），这种模式下，公司倾向分担农业成本，如提供种子、农药、化肥、农机等来促进农户与其合作并建立农业订单，促进农户提高农业投入，增加农民收入（Miyata等，2007）。但并不是所有农户都喜欢通过这种方式来与公司合作，其原因可能是农户怀疑公司提供低质量的农业材料，或者不会操作公司提供的农机等（Pansin等，2012）。鉴于很多农民并不想和公司通过分担成本等方式建立合作契约，“公司+合作社+农户”这种单纯的交易模式发展迅速，截至2012年中国已经成立近60万个合作社，拥有4 600万个成员（Zhang等，2014）。周业付（2016）针对采用演化博弈的方法探讨了“龙头企业+农户”的订单履约问题。研究结果表明，弹性收购价格、信息共享和设计合理的合作机制可以增加双方的订单履约率。周立群等（2001）结合对山东省莱阳市农业产业化的调查，分析了订单式农业组织模式从“龙头企业+农户”到“龙头企业+合作社+农户”或“龙头企业+大户+农户”组织形式的演化过程。并指出新组织模式下的新问题，探索了组织改善和组织创新的路径。浦徐进等（2016）通过比对分析了不同契约模式下农户和公司努力投入水平和收益。研究结果表明我国农业不该局限于统一的组织模式，而应该根据实际情况开展多种组织模式共存的农业产业体系。同时，该研究为相关政府部门推动农业产业有效发展提供了政策建议。涂国平等（2011）利用系统动力学的方法对“公司+农户+期货、期权”经营模式进行了分析，并发现这种模式对来自市场风险、市场需求和价格的制约具有反制约的作用。然而，土地问题对这种模式具有制约作用，该模式应该基于有效的土地流转政策。王亚飞和唐爽（2013）分析了“公司+农户”、“公司+合作社+农户”和“农民合作社一体化”三种组织模式条件下龙头企业与农户的博弈关系，发现中介组织的介入可以提高履约率，并得出农民合作社一体化组织模式是农业产业化未来的组织模式的结论。王亚飞等（2014）通过对91家农业产业龙头企业进行问卷调查，探讨了订单农业中龙头企业不同组织模式的订单履约效率并进行了实证检验。

钟钰和陈金波（2016）利用博弈理论对比分析了农户在龙头企业带动型、合作社联动型和合作社一体化三种农业产业化模式下的收益，并发现农户在合作社一体化模式下会获得最大收益。文章建议进一步规范和推进合作社发展，并根据不同地区农业发展现状选择合理的产业化模式。

（2）订单农业供应链契约设计

叶飞和林强（2017）研究了市场定价、固定价格和保护价格三种定价模式下，公司和农户决策行为。研究结果表明不同定价模式下农户风险态度及成本系数对公司和农户决策及收益均有影响，而且保护定价并不能真正保护农民的利益，建议政府部门要慎重选择补贴方式。黄建辉等（2017）研究了政府补贴对订单农业供应链成员决策等的影响。研究发现，政府补贴力度越大，农业生产投入量越大，而零售商最优收购价格越低。更重要的是，政府补贴并不总是有利于农业企业利益。叶飞等（2017）针对单个农户和单个公司组成的订单农业供应链，深入分析了农户资金约束对农户和公司经营决策的影响。研究发现，一定银行贷款利率范围内，农户生产投入量可能超过无资金约束时的水平。Tang等（2015）通过建模的方式判定公司分享市场价格预测和种植建议是否会提高农户产量，研究结果表明在需求不确定的情况下，市场预测信息的分享会提高农户的收益，但来自公司的种植建议并不能给农户带来更多的利润。还有学者研究了套期保值对订单农业供应链契约定价和产量决策的影响。杨晨辉等（2012）研究了涉农企业在订单式农业中利用套期保值规避流动性风险问题。研究结果表明，当公司进行不完全套期保值时，固定回收价格订单模式不能使公司达到最优效用，而点价订单模式可以使公司效用最大化。叶飞等（2012）针对“公司+农户”之间“保底收购，随行就市”订单农业契约模式，设计了一种“B-S期权”模式，通过这种套期保值方式可以降低市场价格波动风险，公司和农户都可以获得稳定的收益，且双方可以实现双赢。杨晨辉等（2012）在对“公司+农户”与期货市场之间运行机理分析的基础上，构建公司的期望效用模型对最优套期保值和订单价格方式进行了研究。同时研究结果表明，当公司受到流动性约束时，最优的期货套期保值策略是持有远期等量空头期货合约和小于订单规模的多头期货合约，并且最好采用点价定价订单模式。

（3）订单农业供应链协调策略研究

为了缓解供应链“双重边际效应”，提高订单农业供应链效率，国内外学者针对订单农业供应链协调契约机制的设计做了大量的研究工作，并取得丰富的成果。叶飞和王吉璞（2017）探讨了考虑农户风险态度的“公司+农户”型订单农产品供应链协调问题。研究结果表明，产出不确定条件下，产出和订单定价为农户风险态度的单调函数。采用Nash协商谈判机制可以使订单农业供应链实现帕累托改进。叶飞等（2012）的研究发现，“保底收购，随行就市”的价格机制并不能协调订单农业供应链，并设计出一种“期权+生产协作+保证金”的契约机制可以实现订单农业供应链的完美协调，使公司与农户实现双赢。彭红军和杨梦（2023）运用条件风险价准则研究订单农业供应链最优策略与协调问题。研究发现当农户风险规避程度一定范围时，期权合约能够促使农户与公司均实现帕累托改进，且农户可通过行权应对农产品价格波动风险。伏红勇等（2015）设计了一种与天气指数相关的风险补偿契约来分担“公司+农户”模式下农户在生产中遇到的天气风险，并设计了有效的供应链协调机制。伏红勇和但斌（2015）针对不利天气带来的订单农业供应链履约问题，设计了一种与天气指数和农户风险厌恶度相关的收益共享契约，可以实现供应链协调。在此基础上，伏红勇和但斌（2015）还提出了一种通过天气期权规避天气风险的方法，设计了“天气期权+风险补偿+加盟金”的订单契约机制来提高供应链稳健性，并用数值仿真的方法进行了验证。Niu等（2016）讨论了“公司+农户”和“公司+中介+农户”两种订单契约模式下的农业供应链协调问题。研究发现，成本公担契约可以使“公司+农户”供应链实现协调，而当中介佣金比例高于一定阈值时，“公司+中介+农户”供应链可以实现供应链成员三方共赢。Pultrone（2012）通过对国内外相关法律法规情况的总结，提出订单农业通过契约促进农业供应链效率、增进成员间合作关系，有助于促进农民增收。为了规避订单履约风险，不单要通过设计合理的契约促进供应链协调，政府部门也应该出台相应法律法规来规范订单契约。

1.2.2 土地流转作用和定价

农村土地流转问题的研究主要集中在土地流转的作用和影响，以及土地流转的定价问题两个方面。

（1）土地流转的作用和影响

马晓河和崔红志（2002）认为，土地作为一种生产要素，其流动性的增大会提高使用效益，而区域农业规模化建立在土地流转的基础上。同时，文章针对当时我国土地流转情况，对如何建立农村土地流转制度等相关问题进行了探讨，并提出具体意见。宋戈等（2014）以农户为研究视角，针对东北粮食主产区，运用农地社会保障功能替代程度测算模型，分析了农业土地不同替代功能对各等级收入农户土地流转的影响程度。Wang等（2016）以重庆为对象，深入研究了土地流转对劳动生产率的影响。研究发现土地流转不仅对农业劳动生产率有积极影响，还可以带动周边非农业劳动生产率。因此，文章建议应积极推进平原地区的土地流转，同时关注土地流转对山地等非农地的影响。Deininger等（2014）利用实证的方法验证了土地流转对提高农业劳动生产率具有促进作用。王震和辛贤（2022）基于15省农户调查数据，以水稻为例，从转入者视角在全要素生产率和土地生产率两个层面验证了土地跨村流转能同时促进新型农业经营主体水稻全要素生产率和土地生产率的增长。葛岩和吴海霞（2023）用实证的方法证明了土地流转对土地转入方固定资产投资和规模扩大有正向作用。杜鑫和张贵友（2022）通过比较不发生土地流转和发生土地流转两种情形下农村居民的收入分配状况，得出土地流转土地转入行为对土地转入户的增收贡献较为显著。

（2）土地流转定价问题

宋戈和林彤（2016）对农村土地规模化流转的定价机制进行了深入研究，并以黑龙江省克山县为例得出流转价格结果。文章提出的土地规模化流转定价机制能够赋予农民更多财产权利，为土地流转价格的制定提供理论基础。林彤等（2017）以东北粮食主产区黑龙江省土地流转示范县——克山县为研究对象，以粮食价格为基础，并考虑交易成本、流转意愿等因素，设计了一种土地流转定价机制。叶飞和蔡子功（2019）分析了农户在“随行就市，保底收购”和“土地入股”两种加盟模式之间的选择决策。研究发现，当市场规模很大时，农户倾向选择“土地入股”模式；当市场规模较小时，农户的选择还与市场需求不确定性、订单价格、基本工资、土地分红比例等因素有密切关系。乌云花和翟德昕（2023）的研究表明，土地租金对土地种植规模和种植结构均有显著影响。同时，孙云飞等（2023）的研究也表明农地流转租金是影响农业产业结构的重要因素之一。

1.2.3 供应链运营策略问题

（1）供应链融资策略

关于供应链金融的研究主要从零售商资金约束和供应商资金约束两个方面进行讨论。零售商融资方面，Buzacott 和 Zhang（2004）首次将资产抵押融资引入生产运营决策模型研究。Caldentey 和 Haugh（2009）分析了具有资金约束的零售商通过在金融市场中进行套期保值策略控制风险时，对契约供应链运营决策的影响。Chen 和 Teng（2014）研究了制造商向零售商提供与订货量匹配的延期支付时零售商的订货决策。Sarkar 和 Saren（2015）建立了产品具有固定生命周期时的库存决策模型。关于外部融资，占济舟和张福利（2015）探讨了零售商商业信用决策的选取条件，并提出了一种激励零售商和供应商共同采用商业信用的供应链协调机制。也有学者对比了不同运营条件下，零售商在商业信用和银行借贷两种融资方式下的选择决策及其对市场均衡和供应链绩效的影响（Kouvelis 和 Zhao，2012；Chen，2015；郭金森等，2017；王志宏等，2023）。供应商融资方面，Thangam（2012）针对制造商对零售商提供全预付折扣期和零售商对客户提供预付折扣期的情况，探讨了两级供应链定价和订货决策。王文利等（2014）探讨了制造商如何在提供预付款和提高商品价格之间的选择问题。研究结果表明制造商自有资金量是决策的关键依据。周建和任露璐（2017）将供应链拓展为三级，研究了供应商具有资金约束时的贷款融资决策与定价问题。农业供应链融资方面，陈永辉等（2018）研究发现农业供应链融资有利于农户扩大高价值农产品的生产规模，有助于引导农产品种类结构的调整，还对农户和收购方之间的利润分成进行调节。朱雷等（2019）研究了农户银行外部融资以及供应链融资两种融资模式对供应链运营和供应链成员收益的影响。还有不少学者也证明了供应链融资在一定条件下可以促进供应链成员实现共赢（戴德宝，2022；Fu等，2022）。

（2）供应链成员决策顺序的影响

Gal-Or（1985）的研究证明在贯序博弈中，第一个进行决策的决策者可能会具有先动优势。也有很多学者研究了供应链成员决策顺序对该供应链运营决策和收益的影响。吴建祖和宣慧玉（2006）研究了创新能力不对称企业研发投资的时机选择问题。结论表明，企业和竞争对手的创新能力对投资时机具有显著影响。Matsui（2017）发现双渠道制造商在不同时序制定直销渠道价格会对双渠道供应链成员经营决策和收益带来不同的影响。金雁南和田林（2019）研究了具有信息不对称的供应链成员决策顺序问题。王喜平和郄少媛（2019）针对CCS低碳技术，构建考虑供应链内发电商与CCS运营商合作的CCS投资博弈模型，分析了发电商与CCS运营商在收益转移比例与投资时机之间进行决策的均衡条件。魏杰和常美静（2021）针对由一个多渠道零售商和一个平台商组成的供应链，研究供应链成员在转售模式下的最优定价顺序及其对供应链成员决策和收益的影响。权力结构是影响供应链成员决策顺序的重要因素。一些学者研究了供应链权力结构对供应链运营决策的影响，如渠道服务水平制定策略（Tang等，2018）、融资策略（万骁乐等，2023）、物流建设策略（王能民等，2023）等。

（3）供应链信息共享策略

现有关于供应链信息共享的研究主要集中在信息共享意愿和信息共享价值两个方面。需求信息共享意愿方面，供应链运营中，由于零售商直接面向市场，因此往往认为零售商较制造商拥有更好的需求预测信息。Li（2002）针对一个制造商和多个零售商的供应链结构研究了具有下游竞争的供应链信息共享问题。研究发现当下游零售商竞争激烈时，上下游间不会信息共享。Wu等（2018）针对一个供应商两个制造商组成的供应链，进一步讨论了当具有竞争关系的下游制造商一方具有产量约束时的信息共享决策问题。研究结果表明，下游制造商并没有信息共享动机，然而供应链批发价格的制定却能改变制造商信息共享决策。Shang等（2016）针对两个制造商和一个零售商的供应链结构，研究了具有上游竞争的信息共享问题。研究发现，这种供应链结构下零售商是否愿意与上游共享需求信息取决于生产成本的竞争激烈程度。Guo等（2015）针对下游零售商和上游制造商存在渠道竞争的供应链结构研究了需求信息共享问题，研究发现零售商会策略性地分享私有需求信息来获得更多的利润。李波等（2015）也针对这种双渠道供应链结构分析了市场预测信息和增值服务成本信息同时共享或不共享对供应链成员经营决策及利润的影响，并得出了信息共享的条件范围。还有部分学者发现零售商信息共享决策的其他影响因素。Jiang等（2016）研究了制造商拥有信息时的两级供应链信息共享问题。研究发现零售商风险态度是信息共享决策关键影响因素，当零售商为风险中性时，制造商乐于进行信息共享，而当零售商风险厌恶时，制造商不会进行信息共享，因此时无论信息精度有多高，都会使得两方利益受损。张李浩和杨杰（2023）以含有资金约束的双渠道供应链为研究对象探讨了信息共享决策与融资选择的关系，研究发现，只有信息补贴成本在一定条件区间时，供应链成员才愿意共享信息。信息共享价值方面，Mishra等（2009）比较了信息共享在按单生产和按库存生产环境下的价值变化，研究发现，只有在按库存生产的情况下，信息共享才能带来正价值。Taylor和Xiao（2010）的研究发现，在两级供应链结构中，拥有更准确信息的零售商并不能给制造商带来更大的收益。Yue和Liu（2006）研究发现制造商具有直销渠道的双渠道供应链中零售商信息共享总是损害自身利润，但在某些情况下却有益于制造商和整体供应链的绩效。而Zhang（2015）将按单生产的供应链信息共享问题进一步深入研究发现，当需求不确定性适中时，信息共享也能为零售商和上游制造商同时带来更多的收益。

然而，现有成果中关于农业供应链的信息共享问题研究还比较少。

其主要原因为农户受教育水平不高，信息获取技术有限。现有文献中的农业供应链中信息共享问题主要针对粮食贸易商之间的信息共享或农户从政府获取信息，如Hueth（2006）研究了多个粮食贸易商竞争条件下的市场信息共享问题，研究发现，虽然贸易商信息共享可以增加每个贸易公司的利润，但这种条件下贸易公司倾向于隐藏市场信息。Tang等（2015）分析了农户从政府或非政府机构获得市场预测信息及生产建议对自身种植量和利润的影响。研究结果表明有效的市场预测信息总能提高农户的收益，但生产建议并不总能给农户带来更多的利润。Liao等（2017）将文献（Tang等，2015）拓展为更一般的情况，假设农户是价格的接受者，研究发现，为了提高农民福利，政府应该选择性地向部分农户提供信息共享而不是所有农户。

（4）政府补贴对农业供应链运营决策的影响

政府的农业补贴政策是政府对农户或者农产品经销商的一种财政补贴手段，以增加农户或者农产品经销商的收入。农业补贴政策作为促进农业发展和改善社会福利的重要手段，有着悠久的历史，国内外学者在相关方面的研究已十分丰富。部分学者研究单一政府补贴对供应链决策的影响，周永务等（2022）构建了一个由农户、公司和政府组成的三级供应链决策博弈模型，研究表明补贴的大小主要受土地规模的影响。余星等（2017）构建了农业企业、零售商和政府三方博弈模型并提出间接补贴农业保险费新的补贴机制，研究结果表明随着政府保险费补贴率的提高，农业企业、零售商期望的利润均增加，社会福利也得到提高。彭红军等（2020）考虑到农业作物产量和政府补贴的随机性，研究了存在财政拮据的农民合同供应链中的最优决策和利润，结果显示农业补贴政策可以有效地缓解农产品的产出随机性导致的农户的融资困难和财务困难。王永明和秦翠平（2017）在“公司+农户”型订单农业供应链中引入政府补贴因子，研究发现合理的政府补贴因子能有效地提高农户努力水平和供应链成员收益。也有部分学者研究政府补贴不同的对象对供应链决策的影响，如Zhong等（2021）建立了无补贴、补贴消费者和补贴农业合作社的三种模式，通过计算可知政府补贴对供应链的销售额、保存水平、销售力度和整体利润都有明显激励作用。张旭梅（2022）首先构建了无政府补贴情况下供应商、销售商、消费者组成的三方博弈模型，并且在此基础上引入了政府补贴，构建了政府补贴不同对象的三种决策模型，对比分析了政府的最优补贴策略以及对供应链最优产生决策的影响。熊峰等（2015）对比分析了冷链设施补贴对两种订单农业合作模式——“公司+农户”“公司+合作社+农户”的运营影响，结果表明在“公司+农户”组织模式中，政府只补贴一方会导致供应链稳定性降低，而在“公司+合作社+农户”组织模式中对合作社进行补贴会加强供应链的稳定性。还有的学者研究不同补贴方式对供应链决策的影响，如谢家平和刘丹（2023）讨论了政府分别给予目标价格补贴和面积补贴对农业供应链运作的影响，发现均存在最优的补贴率使得农业供应链效益最大化。姚冠新和徐静（2015）对比分析了政府分别采用定额和系数补贴对农户生产决策行为的影响，结果表明采用系数补贴的方式有助于保障农产品的供给。Zhang等（2021）在农业供应链中引入政府补贴因子，构建单独补贴产量、单独补贴环境创新和两种单边补贴相结合的混合补贴博弈模型，研究结果表明混合补贴有助于实现政府、消费者和企业的三赢局面。Alizamir等（2019）研究了两项针对农民的补贴计划：价格损失保险计划和农业风险保险计划。结果发现，在多数情况下，价格损失保障更有利于消费者和农户。Akkaya等（2021）研究了有机农业中，政府补贴和税收等政策性干预措施对农户利润、消费者剩余以及社会福利等的影响，发现与同时采取补贴和税收相比，只采取补贴能实现更高的社会福利。刘丹等（2022）研究了动态补贴和固定补贴两种机制下农户的最优生产投入量与公司的最优借款利率。李守伟等（2019）将农业补贴政策划分为产量补贴政策与绿色补贴政策，并构建了农民专业合作社的古诺竞争博弈模型，结果表明均衡农产品产量和社会福利均随着补贴率的增加而增加。刘丹等（2022）针对具有资金约束的订单农业供应链分别探讨了动态补贴和固定补贴在供应链运营中的作用。研究发现，政府补贴不仅能促进农户的生产积极性，还能降低农户的融资成本。若以促进农户的生产投入量为目标，政府应在补贴率较低的情况下使用固定补贴机制，而在补贴率较高的情况下使用动态补贴机制。

1.2.4 现有研究评述

综观已有研究，学术界对订单农业供应链组织模式与契约设计问题、土地流转作用与定价问题，以及供应链运营策略相关研究取得了丰富的研究成果，为后续相关研究提供了理论依据和文献基础，但随着土地流转政策的推进和订单农业的发展，以下方面还值得探索或进一步研究：

①国内外学者对订单农业供应链组织模式的研究已取得一定成果，但缺少针对特定组织模式下的供应链运营策略的设计与创新研究。

②为了提高订单契约履约率和供应链效率，国内外学者针对订单农业的契约和协调机制设计问题做了大量工作，但缺少针对现代订单农业供应链新运营模式下的订单契约设计。

③尽管农业政策问题先前学者已经取得了丰硕的成果，但基于订单农业问题，为政府部门提供具有科学量化依据的政策建议的研究鲜见。

鉴于此，本书的研究内容针对“公司+农户”订单农业组织，设计订单农业供应链运营策略，并进一步考虑土地流转模式和政府补贴下的订单农业供应链运营策略创新，并有针对性地设计相应的契约机制，以提高订单履约率和订单农业供应链运作效率，促进订单农业发展。

1.3 本书具体研究内容与框架

1.3.1 本书具体研究内容

结合我国订单农业发展现状和实际运营管理经验，在对现有文献现状的分析与总结的基础上，深入探讨“公司+农户”订单农业供应链运营策略。通过博弈建模等理论方法深度剖析不同运营策略对订单农业供应链成员收益的影响，以及社会福利和消费者剩余的变化。为提高农民收益提供理论参考，为公司提升管理实践能力和收益提供方法，为相关部门有效推动订单农业发展，提出一些管理启示。具体研究内容分为以下五点：

（1）考虑信息的订单建立时点决策

针对由种子公司、农产品销售公司和农户组成的农产品供应链，其中农产品公司与农户具有订单契约关系，将订单契约建立时点分为当年种子价格公布前和公布后两种模式，对比分析农产品销售公司订单收购契约建立不同时点对农业供应链生产运营和成员收益带来的影响，以及消费者剩余和社会福利的变化。

（2）订单农业供应链信息共享策略

针对“公司+农户”型订单农业供应链中，公司将市场预测信息和生产建议与农户分享这种新型服务模式，分析公司向农户共享信息对农业供应链运营决策和绩效带来的影响，为订单农业运营模式创新、提高农民收入、增强订单农业供应链运营效率和农业产业化发展提供理论决策依据和建议。

（3）订单农业供应链融资策略

我国订单农业兴起较晚且农村金融市场还不完善，通过供应链金融模式为农户带来资金补给具有重要意义。然而，关于农业供应链金融的研究还比较有限。因此，针对“公司+农户”订单模式下，公司为农户提供融资业务这种订单农业运营模式，通过对比分析的方式，深入讨论这种农业供应链金融模式相对农户银行融资模式下的订单契约参数和生产经营决策，以及对公司和农户利润的影响。并总结这种模式对社会福利和消费者剩余的变化。

（4）基于土地流转的“土地流转+职业农民”合作策略

随着土地流转和订单农业的进一步推广，农户可以通过土地流转融入订单农业运营，促成新的订单农业供应链协作模式。为此设计了一种基于土地流转的订单农业供应链合作策略和与之匹配的订单契约。探讨农户流转土地后，通过职业农民身份参与公司的生产经营，供应链生产经营决策和成员收益较一般订单农业供应链协作环境下的变化。这部分内容探讨这种合作策略的选取条件，以及给供应链成员经营决策和收益带来的影响，并分析了消费者剩余和社会福利的变化。

(5) 基于土地流转的“土地流转+收入共享”合作策略

政府补贴在保障粮食安全，调节农产品结构方面具有重要作用。本书设计了另一种基于土地流转的订单农业供应链合作策略，并考虑了政府补贴在订单农业供应链运营中的作用。这种合作策略下，农户流转土地后，公司和农户按比例共享农产品收入。这部分内容探讨这种合作策略的选取条件，以及给供应链成员经营决策和收益带来的影响。同时，分析了政府补贴对这一策略和农户土地流转策略的影响，以及消费者剩余和社会福利的变化。

1.3.2 研究思路与方法

本书的思路来源于国家支持订单农业高速发展和出台土地流转政策时期，订单农业供应链迫切需要组织模式和运营模式的创新。通过对现有相关文献的查阅，发现订单农业供应链的运营与契约设计问题已经受到很多国内外专家学者的重视，是一个当前非常热点的研究问题，并取得了丰硕的成果。土地流转政策的实施又给订单农业供应链运营提供了更丰富的运营模式创新条件。因此，本书结合订单农业发展现状，设计土地流转政策下订单农业供应链的运营策略，并探讨不同策略的选取条件，以及给供应链成员和社会福利带来的影响。

针对上述研究思路，本书在对相关文献进行系统梳理的基础上，主要采用博弈论和系统优化理论构建博弈模型并求解的方法进行研究。首先根据订单农业供应链在不同运营策略下的供应链成员间关系，并考虑土地流转模式和政府补贴对供应链运营的作用，利用效用理论得出不同渠道需求函数，构建不同运营策略下订单农业供应链博弈模型，并通过最优化理论求出博弈均衡解，得到具体问题下公司和农户经营决策和均衡利润。在此基础上，运用对比分析的方法，分析不同供应链运营策略、土地流转模式和政府补贴给供应链成员收益带来的影响，并计算相应条件下的消费者剩余和社会福利。同时，结合实际案例利用数值分析的方法对研究结果进行了验证。

1.3.3 本书内容框架

本书的内容框架如图 1-1 所示。

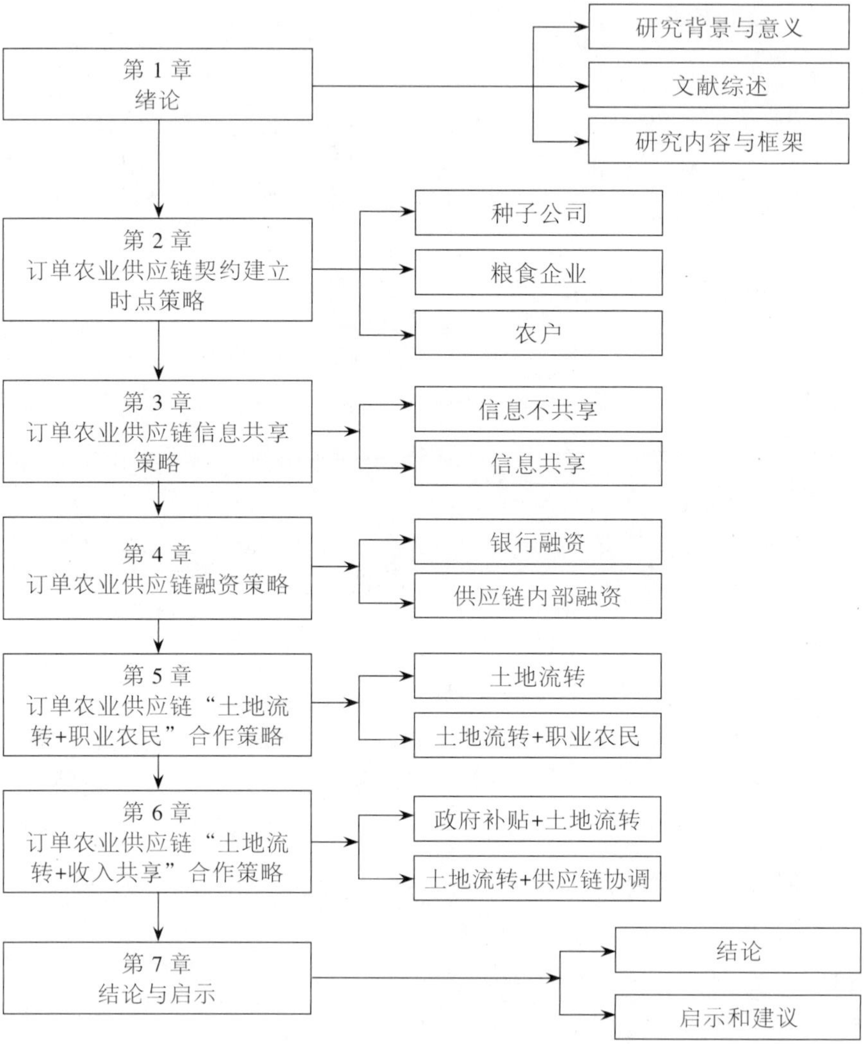

图 1-1 内容框架

1.4 本章小结

本章阐述了本书的选题背景，在相关概念界定的基础上论述了选题的意义。对国内外相关文献进行了深入的梳理与归纳，在总结现有文献不足的基础上提出了本书的研究思路，明确了研究方法，厘清了研究内容间的结构关系，并给出了本书的内容框架。

第2章　订单农业供应链契约建立时点策略

本章按照订单农业供应链契约建立时点的不同，将“种子公司+公司+农户”型订单农业供应链的农业订单建立时点分为种子价格公布前和种子价格公布后两种模式。针对这两种进入模式，分别建立了Stackelberg博弈模型。利用对比分析的方法，讨论了两种契约建立时点模式给供应链成员经营决策和收益带来的影响，并分析了消费者剩余和社会福利的变化。在章节最后采用数值算例的形式对分析结果进行进一步验证并得到了更加深入的管理启示。

2.1　问题描述

与本章有关的文献还涉及博弈顺序及其在供应链决策问题中的研究。博弈论的相关研究表明，针对同一决策问题，决策者同时决策和贯序决策得到的博弈结果是不同的（Tang等，2015）。Gal-Or（1985）的研究证明在贯序博弈中，第一个进行决策的决策者可能会具有先动优势。也有很多学者研究了供应链成员决策顺序对该供应链运营决策和收益的影响。Matsui（2017）发现双渠道制造商在不同时序制定直销渠道价格会对双渠道供应链成员经营决策和收益带来不同的影响。金雁南和田林（2019）研究了具有信息不对称的供应链成员决策顺序问题，研究结果表明，不拥有信息的一方总是偏向先决策，而信息拥有方偏好的决策顺序还与信息精度有关。

综观现有文献，关于订单农业供应链的研究主要针对订单农业组织模式、订单农业供应链契约设计与协调问题进行广泛研究。针对订单农业供应链中订单制定时点的研究还比较有限。因此，本章针对由种子公司、农产品销售公司和农户组成的农产品供应链进行研究，其中农产品销售公司与农户具有订单契约关系，将订单契约建立时点分为当年种子价格公布前和公布后两种模式，对比分析农产品销售公司订单收购契约建立不同时点对农业供应链生产运营和成员收益带来的影响。

2.2 订单农业供应链契约建立时点策略模型构建

本章主要研究由一个种子公司、一个农产品销售公司和一个农户组成的订单农业供应链系统，其中农产品销售公司与农户具有订单契约关系，形成“公司+农户”订单农业组织模式。农业生产前，农产品销售公司与农户签订农产品收购契约，收购价格为w。农户向种子公司购买种子进行农业种植生产，单位种子价格为s，种子成本忽略不计。农产品成熟后，农户向农产品销售公司交付农产品，由农产品销售公司向市场销售。不失一般性，认为农产品零售价格与销量具有线性关系，类似文献（黄建辉等，2017；叶飞和王吉璞，2017；伏红勇和但斌，2015）假设农产品市场价格$p = a - bQ$，其中$a > 0$，表示窒息价格，即当市场价格高于a时，农产品将没有销量。农户根据收购价格和种子价格决定生产投入量Q。农户生产种植成本由C_1和C_2两部分组成，其中$C_1 = sQ$为种子成本，C_2为生产种植成本，借鉴文献（叶飞和林强，2015），假设农户生产成本为$C_2 = cQ^2$，其中$c > 0$，表示生产成本系数。因此农户生产种植总成本为$C = sQ + cQ^2$。根据农产品销售公司制定订单收购价格时市场上是否确定了当年的种子价格，将供应链生产决策顺序分为农产品销售公司在市场公布当年种子价格后制定收购价格和农产品销售公司在市场上种子价格公布前制定收购价格两种情况。为了表述方便，将前者称为AF模式，后者称为BF模式。用下角标Z、E和F分别表示种子公司、农产品销售公司和农户。

由前面的假设可以得到种子公司、农产品销售公司和农户的利润函数分别为：

$$\pi_Z = sQ \tag{2.1}$$

$$\pi_E = (p - w)Q \tag{2.2}$$

$$\pi_F = wQ - sQ - cQ^2 \tag{2.3}$$

2.3 订单农业供应链契约建立时点策略模型求解

2.3.1 公布种子价格后确定订单价格（AF模式）

在这种模式下，种植季节初，农产品销售公司在市场上种子价格确定之后确定收购价格，向农户收购农产品，再在种植季节后向市场销售农产品。种子公司、农产品销售公司和农户的生产经营过程服从一个三阶段的Stackelberg博弈。第一阶段，种子公司制定种子价格s。第二阶段，农产品销售公司制定农产品收购价格w。第三阶段，农户根据种子价格和收购价格决定生产投入量Q。种子公司、农产品销售公司和农户的生产经营决策顺序如图2-1所示。

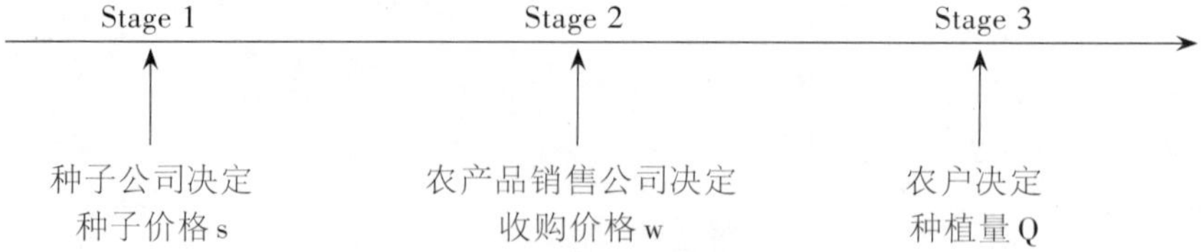

图2-1 AF模式下决策顺序图

根据逆向求解法，种子公司、农产品销售公司和农户的决策问题求解如下：

（1）农户的最优生产投入量决策

在这种模式下，农户根据种子价格和农产品收购价格进行产量决策，决策函数如下：

$$\max_{Q} \pi_F{}^{AF} = wQ - sQ - cQ^2 \tag{2.4}$$

对式（2.4）求解，可得农户生产投入量的最优反应函数为：

$$Q^{AF} = \frac{w - s}{2c} \tag{2.5}$$

（2）农产品销售公司订单收购价格决策

将式（2.5）和价格函数代入农产品销售公司利润函数（2.2），得到此时农产品销售公司收购价格决策函数如下：

$$\max_{w} \pi_E{}^{AF} = (a - bQ - w)\left(\frac{w - s}{2c}\right) \tag{2.6}$$

对决策函数式（2.6）求解，可得农产品销售公司最优收购价格对种子价格的反应函数：

$$w^{AF} = \frac{\alpha c + bs + cs}{b + 2c} \tag{2.7}$$

（3）种子公司种子价格决策

将式（2.5）代入种子公司利润函数（2.1），得到此时种子公司种子价格决策函数如下：

$$\max_{s} \pi_Z{}^{AF} = s\left(\frac{w - s}{2c}\right) \tag{2.8}$$

对决策函数式（2.8）求解，可得种子公司最优种子定价：

$$s^{AF} = \frac{a}{2} \tag{2.9}$$

将式（2.9）代入式（2.5）和（2.7）可得农户最优生产投入量Q^{AF}和农产品公司最优收购价格w^{AF}，并将s^{AF}、w^{AF}、Q^{AF}代入种子公司、农产品销售公司和农户的利润函数，可得这种模式下系统均衡解，见表2-1。

表2-1　　AF模式下订单农业供应链系统均衡解

s^{AF}	Q^{AF}	w^{AF}	$\pi_Z{}^{AF}$	$\pi_E{}^{AF}$	$\pi_F{}^{AF}$
$\frac{a}{2}$	$\frac{a}{4(2c+b)}$	$\frac{a(b+3c)}{2(b+2c)}$	$\frac{a^2}{8(b+2c)}$	$\frac{a^2}{16(b+2c)}$	$\frac{a^2c}{16(b+2c)^2}$

将上述AF模式下种子公司、农产品销售公司和农户均衡利润求和，可得到AF模式下供应链均衡利润，可用下面的推论形式表示。

推论2.1 AF模式下，订单农业供应链均衡利润为：

$$\pi^{AF} = \frac{a^2(3b + 7c)}{16(b + 2c)^2} \tag{2.10}$$

2.3.2 公布种子价格前确定订单价格（BF模式）

在这种模式下，种植季节初，农产品销售公司在市场上种子公司公布种子市场价格之前确定收购价格，向农户收购农产品，再在种植季节后向市场销售农产品。种子公司、农产品销售公司和农户的生产经营过程服从一个三阶段的Stackelberg博弈。第一阶段，农产品销售公司制定农产品收购价格w。第二阶段，种子公司决定种子价格s。第三阶段，农户根据种子价格和收购价格决定生产投入量Q。种子公司、农产品销售公司和农户的生产经营决策顺序如图2-2所示。

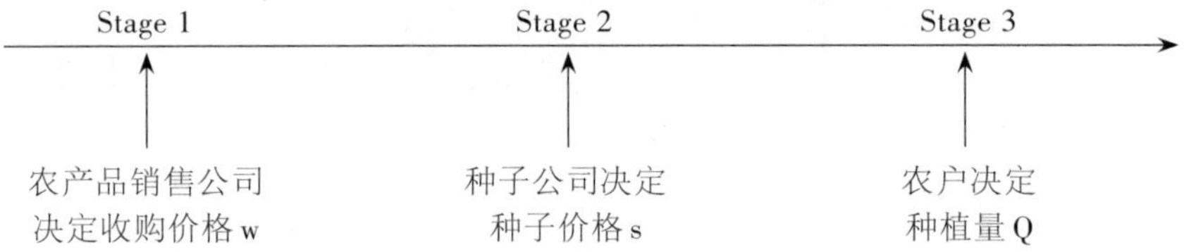

图2-2 BF模式下决策顺序图

根据逆向求解法，农产品销售公司、种子公司和农户的决策问题求解如下：

（1）农户的最优生产投入量决策

在这种模式下，农户根据种子价格和农产品收购价格进行产量决策，决策函数如下：

$$\max_{Q} \pi_F{}^{BF} = wQ - sQ - cQ^2 \tag{2.11}$$

对式（2.11）求解，可得农户生产投入量的最优反应函数为：

$$Q^{BF} = \frac{w - s}{2c} \tag{2.12}$$

（2）种子公司种子价格决策

将式（2.12）代入种子公司利润函数（2.1），得到此时种子公司种子价格决策函数如下：

$$\max_{s} \pi_Z^{BF} = s\left(\frac{w - s}{2c}\right) \tag{2.13}$$

对决策函数式（2.13）求解，可得种子价格反应函数：

$$s^{BF} = \frac{w}{2} \tag{2.14}$$

（3）农产品销售公司订单收购价格决策

将式（2.14）和价格函数代入农产品销售公司利润函数（2.2），得到此时农产品销售公司收购价格决策函数如下：

$$\max_{w} \pi_E^{BF} = (a - bQ - w)\left(\frac{w - s}{2c}\right) \tag{2.15}$$

对决策函数式（2.15）求解，可得农产品销售公司最优订单收购价格：

$$w^{BF} = \frac{2ac}{b + 4c} \tag{2.16}$$

将式（2.16）代入式（2.12）和（2.14）可得农户最优生产投入量Q^{BF}和最优种子价格w^{BF}，并将s^{BF}、w^{BF}、Q^{BF}代入种子公司、农产品销售公司和农户的利润函数，可得这种模式下系统均衡解，见表2-2。

表2-2　BF模式下订单农业供应链系统均衡解

s^{BF}	Q^{BF}	w^{BF}	π_Z^{BF}	π_E^{BF}	π_F^{BF}
$\frac{ac}{b + 4c}$	$\frac{a}{2(b + 4c)}$	$\frac{2ac}{b + 4c}$	$\frac{a^2c}{2(b + 4c)^2}$	$\frac{a^2}{4(b + 4c)}$	$\frac{a^2c}{4(b + 4c)^2}$

将上述BF模式下种子公司、农产品销售公司和农户均衡利润求和，可得到BF模式下供应链均衡利润，可用下面的推论形式表示。

推论2.2　BF模式下，订单农业供应链均衡利润为：

$$\pi^{BF} = \frac{a^2(b + 7c)}{4(b + 4c)^2} \tag{2.17}$$

2.4　订单农业供应链契约建立时点策略对比分析

命题2.1　$s^{AF} > s^{BF}$

证明：因$s^{AF} - s^{BF} = \frac{a(b + 2c)}{2(b + 4c)} > 0$，可得命题2.1。

命题 2.1 说明公布种子价格后确定订单价格模式下的种子均衡价格高于公布种子价格前确定订单价格模式下的种子均衡价格。这是因为当市场上种子公司率先公布种子价格时，会利用先动优势制定一个比较高的种子价格。若农产品销售公司抢先制定了农产品订单收购价格，种子公司会参照订单收购价格制定种子价格，为了获得更大的销量，种子公司会压低种子价格。

命题 2.2 $w^{AF} > w^{BF}$

证明： 因 $w^{AF} - w^{BF} = \frac{a(b^2 + 3bc + 4c^2)}{2(b + 2c)(b + 4c)}$，可得命题 2.2。

命题 2.2 说明公布种子价格后确定订单价格模式下的农产品订单收购价格高于公布种子价格前确定订单价格模式下的农产品订单收购价格。这是因为农户以较高的价格购进了种子进行生产，为了使农户参与订单契约，农产品销售公司也相应地提高了订单收购价格。

命题 2.3 $Q^{AF} < Q^{BF}$

证明： 因 $Q^{AF} - Q^{BF} = -\frac{ab}{4(b + 2c)(b + 4c)} < 0$，可得命题 2.3。

命题 2.3 说明公布种子价格后确定订单价格模式下的农产品种植量低于公布种子价格前确定订单价格模式下的农产品种植量。这是因为公布种子价格前确定订单价格模式下的种子价格较低，促进了农户增大种植量。

命题 2.4 ${\pi_Z}^{AF} > {\pi_Z}^{BF}$

证明： 因 ${\pi_Z}^{AF} - {\pi_Z}^{BF} = \frac{a^2(b^2 + 4bc + 8c^2)}{8(b + 2c)(b + 4c)^2} > 0$，可得命题 2.4。

命题 2.4 说明公布种子价格后确定订单价格模式下的种子公司获得的收益高于公布种子价格前确定订单价格模式下种子公司获得的收益。这是因为，在公布种子价格后确定订单价格模式下，种子公司占据先动优势率先瓜分了整个供应链利润，占据较大供应链收益份额。

命题 2.5 ${\pi_E}^{AF} < {\pi_E}^{BF}$

证明： 因 ${\pi_E}^{AF} - {\pi_E}^{BF} = -\frac{a^2(3b + 4c)}{16(b + 2c)(b + 4c)} < 0$，可得命题 2.5。

命题 2.5 说明公布种子价格后确定订单价格模式下的农产品销售公

司获得的收益低于公布种子价格前确定订单价格模式下农产品销售公司获得的收益。这是因为在整个农业供应链里，农产品销售公司与农户为订单合作关系，在公布种子价格后确定订单价格模式下，种子公司占据先动优势率先瓜分了整个供应链利润，占据较大供应链收益份额，以致农产品销售公司与农户合作收益降低，农产品销售公司收益也随之降低。

命题2.6 $\pi_F^{AF} < \pi_F^{BF}$

证明：因 $\pi_F^{AF} - \pi_F^{BF} = -\dfrac{a^2bc(3b+8c)}{16(b+2c)^2(b+4c)^2} < 0$，可得命题2.6。

命题2.6说明公布种子价格后确定订单价格模式下的农户获得的收益低于公布种子价格前确定订单价格模式下农户获得的收益。这是因为，两种模式下农户都是在供应链中的最后决策者，在公布种子价格后确定订单价格模式下，种子公司占据先动优势率先瓜分了整个供应链利润，占据较大供应链收益份额。而农产品销售公司由于其在订单合作中的主导地位，将农户收益进一步降低。

命题2.7 $\pi^{AF} < \pi^{BF}$

证明：因 $\pi^{AF} - \pi^{BF} = -\dfrac{a^2b(b^2+13bc+24c^2)}{16(b+2c)^2(b+4c)^2} < 0$，可得命题2.7。

命题2.7说明公布种子价格后确定订单价格模式下的供应链总收益低于公布种子价格前确定订单价格模式下供应链总收益。这是因为，公布种子价格后确定订单价格模式下农业供应链成员多重边际效应更加严重，导致供应链损失更大，供应链整体收益更低。

2.5 不同策略下消费者剩余与社会福利对比分析

参考文献（Oersdemir等，2014；Liu等，2019），定义消费者剩余CS和社会福利SW为：

$$CS = \int_{p_{min}}^{p_{max}} Q\,dp = \int_{a-bQ}^{a} \frac{a-p}{b}\,dp = \frac{Q^2}{2b} \tag{2.18}$$

$$SW = \pi + CS \tag{2.19}$$

根据上文得到的均衡结果，可以得到两种模式下的消费者剩余和社会福利的具体表达式：

$$CS^{AF} = \frac{a^2}{32b(2c + b)^2} \tag{2.20}$$

$$SW^{AF} = \frac{a^2(6b^2 + 14bc + 1)}{32b(b + 2c)^2} \tag{2.21}$$

$$CS^{BF} = \frac{a^2}{8b(4c + b)^2} \tag{2.22}$$

$$SW^{BF} = \frac{a^2(2b^2 + 14bc + 1)}{8b(b + 4c)^2} \tag{2.23}$$

命题 2.8 $CS^{AF} < CS^{BF}$；$SW^{AF} < SW^{BF}$

证明： 因 $CS^{AF} - CS^{BF} = \frac{-3a^2b^2 - 8a^2bc}{32b(b + 2c)^2(b + 4c)^2} < 0$，$SW^{AF} - SW^{BF} = (CS^{AF} + \pi^{AF}) - (CS^{BF} + \pi^{BF}) = (CS^{AF} - CS^{BF}) + (\pi^{AF} - \pi^{BF}) < 0$，可得命题 2.8。

命题 2.8 说明公布种子价格后确定订单价格模式下的消费者剩余和社会福利均低于公布种子价格前确定订单价格模式下的消费者剩余和社会福利。这是因为，公布种子价格后确定订单价格模式下农作物种植量更低，导致消费者剩余更低。同时，由农产品价格函数可知，这种模式下农作物价格也会更高。最后由社会福利计算公式得出，这种模式下整个社会福利会更低。

2.6 本章小结

本章针对由一个种子公司、一个农产品销售公司和一个农户组成的供应链系统，其中农产品销售公司与农户具有“公司+农户”订单合作关系，探讨农产品销售公司订单制定时点决策对农业供应链生产经营决策和成员企业收益的影响。研究发现，农产品销售公司应当在当年市场种子价格公布之前确定订单契约收购价格，这种模式下可以使得订单农业合作双方，即农产品销售公司和农户实现双赢。同时，这种模式下的农作物产量也会较农产品销售公司在当年市场种子价格公布之后确定订单契约收购价格模式更高，农产品价格更低，从而增加消费者剩余。虽然这种模式会降低种子公司收益，但这种模式下农业供应链多重边际效应降低，整个供应链收益增加，更有利于社会福利。

基于上述研究结论，得到以下管理启示：一是农产品订单收购企业应该在种子价格公布之前制定订单农业收购契约，以实现订单农业合作双方共赢。二是优质新良种上市时，政府可以给予农户部分良种补贴，促进农户收入增长的同时，也可以激励种子公司良种的研发和促进订单农业的推广。

第3章　订单农业供应链信息共享策略

本章针对“公司+农户”型订单农业供应链中，公司掌握更多的市场信息，公司是否将市场预测信息与生产建议与农户分享这种新型服务模式，分别建立了Stackelberg博弈模型。利用对比分析的方法，分析公司向农户共享信息对农业供应链运营决策和绩效带来的影响，分析了消费者剩余和社会福利的变化。在本章最后采用数值算例的形式对分析结果进行进一步验证并得到了更加深入的管理启示。

3.1　问题描述

“公司+农户”已经逐渐成为订单农业供应链最普遍的经营模式（Guo等，2007）。在这种订单农业供应链中，由于粮食龙头企业具有更大的经营规模，资金实力和市场预测能力，因此粮食龙头企业往往具有订单农业供应链主导地位（浦徐进等，2016）。随着公司和农户进行“公司+农户”订单农业的合作，公司尝试与农户分享市场预测信息并向农户提供一些生产种植建议。这些市场预测信息和生产种植建议的分享将如何影响公司和农户的利润以及生产运营决策，具有重要的理论和现实意义，也是学术界和实业界都非常关注的问题。

随着订单农业的发展，订单农业供应链运营模式创新不断，公司与农户的合作越来越紧密，不但与农户签订粮食收购订单，还向农户提供更多的服务，如代买种子、农药和化肥，租赁农业大型机械，提供融资服务等。同时，在信息服务方面，资金相对雄厚的粮食龙头企业在长期农产品经营中积累了大量市场预测和运营经验。公司不仅可以为农户提供市场预测信息，还可以为农户提供生产种植建议，成为农户获得信息的重要来源。这些信息的共享将对公司和农户生产决策和利润带来怎样的影响？是实业界和理论界非常关注且迫切需要解决的问题。鉴于此，本章节针对“公司+农户”型订单农业供应链中，公司将市场预测信息与生产建议与农户分享这种新型服务模式，分析公司向农户共享信息对农业供应链运营决策和绩效带来的影响，以期为订单农业运营模式创新、提高农民收入、增强订单农业供应链运营效率和农业产业化发展提供理论决策依据和建议。

3.2 订单农业供应链信息共享策略模型构建

本章主要研究“公司+农户”订单农业组织模式下，一个公司和一个农业大户组成的供应链系统。农业生产前，公司与农户签订农产品收购契约，收购价格为w，然后公司对外销售。借鉴文献（叶飞等，2017；叶飞和王吉璞，2017；Boyabatli等，2011），假设农产品市场价格为：

$$p=M-bQ \tag{3.1}$$

其中M>0，表示窒息价格，即若农产品的零售价格高于M，市场上将不会有人购买该农产品，因此M也反映了潜在市场容量。同时为了表达市场价格的波动性，假设$M\sim N\left(\mu_M,\ \sigma_M^2\right)$。b表示价格敏感系数，Q表示农户农作物产出量。由于农户产出容易受到技术、天气等因素的影响，假设农户产出并不是稳定的，借鉴文献（艾兴政等，2008），假设

$Q=zq$，其中z表示农户产出的不确定性，q表示农户种植量，且$E(z)=\mu_y$，$\mu_y\le1$，$Var(z)=\delta_y^2$。借鉴文献（Niu等，2016），假设农户生产成本为$C(Q)=cQ^2$，其中$c>0$，表示生产成本系数。

考虑到公司企业长期从事粮食销售业务，且具有一定规模。因此，本章假设公司较农户具有更好的市场价格预测能力和技术获取能力，假设公司可以向农户共享信息$I(I_1, I_2)$。信息I由两种信息组成，一种是市场预测信息I_1，另一种是生产种植建议I_2。

当公司向农户提供更准确的市场预测信息$I(I_1)$，假设其满足正态分布$I\sim N(\mu_I, \sigma_I^2)$，因此，$(M, I)$满足正态分布$(M, I)\sim N(\mu_M, \mu_I, \sigma_M^2, \sigma_I^2, \rho)$。其中ρ表示市场容量与公司市场预测的相关系数，假设M和I与z相互独立，那么，可得下式和$Var(M|I)=\sigma_M^2(1-\rho^2)$。

$$E(M|I)=\mu_M+\rho\frac{\mu_M}{\mu_I}(I-\mu_I)$$

当公司向农户提供生产种植建议$I(I_2)$，这种情况下公司有可能购买了一定的技术或向农户提供了一定先进农耕设备，因此，假设此时公司可能需要一定的前期资金投入K。而农户采用公司的生产建议时会得到两个好处。一是产量的提高，假设农户农产品产量将由zq提高到$z'q$，且$E(z')=\gamma\mu_y\ge E(z)=\mu_y$，即$(\gamma\ge1)$，$Var(z')=\sigma_y^2$；二是此时会获得更大的市场容量，假设此时市场容量将从M提高到αM，那么$\alpha M\sim(\alpha\mu_M, \sigma_M^2)$。此时，公司信息共享时，公司和农户利润分别为：

$$\pi_E(w|I)=E\left[(\alpha M-bz'q-w)z'q|I\right] \tag{3.2}$$

$$\pi_F(q|I)=E\left[(wz'q-c(z'q)^2)|I\right] \tag{3.3}$$

以下将分别讨论两种信息共享对公司和农户生产经营决策带来的影响。为了区别起见，将分别采用上角标YY表示公司向农户分享两种信息；上角标NN表示公司不向农户分享任何信息；上角标YN表示公司只向农户分享预测信息；上角标NY表示公司只向农户分享生产建议信息。

3.3 订单农业供应链信息共享策略契约设计

3.3.1 两种信息均共享（YY模式）

在这种模式下，公司不但向农户提供市场预测信息，还向农户提供生产种植建议。公司和农户服从两阶段Stackelberg博弈。第一阶段，种植季节初，作为领导者的公司向农户提供一个收购价格w，第二阶段，农户根据公司提供的收购价格确定当年的农作物种植量q。公司和农户的决策函数分别为：

$$\max_{w} \pi_E(w|I) = E\left[(\alpha M - bz'q - w)z'q|I\right] \tag{3.4}$$

$$\max_{q} \pi_F(q|I) = E\left[(wz'q - c(z'q)^2)|I\right] \tag{3.5}$$

采用逆序归纳法讨论两成员的决策，得到如下引理（本章中相关引理、定理、性质和推论的证明见附录）：

引理3.1 当公司向农户同时提供预测信息和生产种植建议时，均衡种植量、批发价格、农户与公司利润分别满足如下关系式：

$$q^{YY}\big|I = \frac{\gamma\mu_y\alpha\left[\mu_M + \rho\frac{\sigma_M}{\sigma_I}(I - \mu_I)\right]}{2(\gamma^2\mu_y^2 + \sigma_y^2)(2c + b)} \tag{3.6}$$

$$w^{YY}\big|I = \frac{\alpha\left[\mu_M + \rho\frac{\sigma_M}{\sigma_I}(I - \mu_I)\right]c}{2c + b} \tag{3.7}$$

$$\pi_F^{YY}\big|I = \frac{\left(\gamma\mu_y\alpha\left[\mu_M + \rho\frac{\sigma_M}{\sigma_I}(I - \mu_I)\right]\right)^2 c}{4(\gamma^2\mu_y^2 + \sigma_y^2)(2c + b)^2} \tag{3.8}$$

$$\pi_E^{YY}\big|I = \frac{\left(\gamma\mu_y\alpha\left[\mu_M + \rho\frac{\sigma_M}{\sigma_I}(I - \mu_I)\right]\right)^2}{4(\alpha\gamma\mu_y)^2(2c + b)} \tag{3.9}$$

对引理3.1中关系式求期望，得到定理3.1。

定理3.1 公司向农户同时提供预测信息和生产种植建议时，均衡种植量、批发价格、农户与公司利润分别如下：

$$q^{YY}=\frac{\alpha\gamma\mu_y\mu_M}{2(\gamma^2\mu_y^2+\sigma_y^2)(2c+b)} \tag{3.10}$$

$$w^{YY}=\frac{\alpha\mu_M c}{2c+b} \tag{3.11}$$

$$\pi_F^{YY}=\frac{(\alpha\gamma\mu_y)^2(\mu_M^2+\rho^2\sigma_M^2)c}{4(\gamma^2\mu_y^2+\sigma_y^2)(2c+b)^2} \tag{3.12}$$

$$\pi_E^{YY}=\frac{(\gamma\mu_y\alpha)^2(\mu_M^2+\rho^2\sigma_M^2)}{4(\gamma^2\mu_y^2+\sigma_y^2)(2c+b)} \tag{3.13}$$

性质3.1 ①q^{YY}与ρ和σ_M无关，是关于α的增函数，q^{YY}是关于产量提高系数γ、产量不确定性σ_y和种植成本c的减函数。②w^{YY}与ρ、σ_M和γ均无关，是关于α和c的增函数。③π_F^{YY}是关于ρ、γ、α和σ_M的增函数，当$c<\frac{b}{2}$时，π_F^{YY}是关于c的增函数；当$c>\frac{b}{2}$时，π_F^{YY}是关于σ_y和c的减函数。④π_E^{YY}是关于ρ、γ、α和σ_M的增函数，关于σ_y和c的减函数。

性质3.1①说明农户的种植量跟公司提供的市场预测信息和市场波动无关，而与公司提供的生产建议和农户产出不确定性有关。农户的种植量随着市场容量扩大系数的增大而增大，而与产量提高系数、产量波动性和种植成本负相关。这是因为公司提供市场预测信息可以消除市场波动不确定性，而生产建议可以为农户带来更大的市场容量和产出率。然而，当产出不确定性增大时，农户倾向减少种植量规避风险。②说明公司对农产品收购价格与提供的市场预测、市场波动和农户产量的提高均无关，而随着市场容量和农户种植成本的提高而提高。这是因为当市场容量提高时，为了鼓励农户提高种植量，公司会相应提高粮食收购价格。同时，当农户生产成本增加时，公司会提高粮食收购价格作为“补偿”。③说明公司提供的市场预测信息和生产种植建议均可以提高农户的利润，且预测相关度越高，市场波动越大，带来的市场容量和产量扩大系数越大，农户利润越大，而农户利润随着种植成本的增加先降低再增大。这是因为公司分享的市场预测信息可以为农户规避因市场波动带来的损失，且市场波动性越大，这种好处越明显。而公司生产建议可以为农户带来更大的市场容量和提高农户产出量，增加农户利润。同时，因农户成本增加时，公司总是提高收购价格作为补偿，当成本增加较小时，补偿可以覆盖增加的成本，农户利润增加；而当成本增加较大时，提高的收购价格不能覆盖农户增加的成本，农户利润降低。④说明公司利润随着市场预测相关度、市场波动和生产种植建议带来的市场容量和产量提高系数正相关，而随着农户产出波动性和种植成本的增加而降低。这是因为公司与农户为合作关系，公司总是能从农户增加或降低的利润中获得部分利润或承担部分利润损失。而当农户种植成本增加时，公司需提高收购价格，即付出更大的成本，因此利润降低。

3.3.2 信息不共享（NN模式）

这部分假设公司不向农户提供市场预测信息，也不提供生产建议。因此，这种情况下参数$\alpha=\gamma=1$且$\rho = 0$。

定理3.2 当公司既不向农户提供市场预测信息，也不向农户提供生产建议时，均衡种植量、批发价格、农户与公司利润分别如下：

$$q^{NN} = \frac{\mu_y \mu_M}{2(\mu_y^2 + \sigma_y^2)(2c + b)} \tag{3.14}$$

$$w^{NN} = \frac{\mu_M c}{2c + b} \tag{3.15}$$

$$\pi_F^{NN} = \frac{(\mu_y \mu_M)^2 c}{4(\mu_y^2 + \sigma_y^2)(2c + b)^2} \tag{3.16}$$

$$\pi_E^{NN} = \frac{(\mu_y \mu_M)^2}{4(\mu_y^2 + \sigma_y^2)(2c + b)} \tag{3.17}$$

性质3.2 ①q^{NN}是关于μ_M的增函数，关于μ_y、σ_y和c的减函数。②w^{NN}是关于μ_M和c的增函数。③π_F^{NN}是关于μ_M和μ_y的增函数，关于σ_y的减函数。当$c < \frac{b}{2}$时，π_F^{NN}是关于c的增函数；当$c > \frac{b}{2}$时，π_F^{NN}是关于c的减函数。④π_E^{NN}是关于μ_M和μ_y的增函数，关于σ_y和c的减函数。

性质3.2①说明农户种植量与预期市场规模成正比，与期望产出、产出不确定性和种植成本成反比。这是因为当市场规模较大时，农户会提高种植量来满足市场需求从而获得更大的利润。当农产品期望产出较大时，农户会减少种植满足均衡产出量，从而节约成本。而当产出不确定性较大时，农户会保守的减少种植量来控制风险。同时，种植成本增加时，农户均衡种植量降低。②说明公司对农户农产品收购价格与市场规模成正比与农户种植成本成反比。这是因为当预期市场规模增大时，公司会提高收购价格来刺激农户扩大种植量。而当农户种植成本提高时，公司会提高收购价格，维持更好的合作关系。③说明农户获得利润与市场规模和产出预期成正比，与产出不确定性成反比。而农户利润随着种植成本先增大在降低。这是因为市场规模的扩大可以为农户带来更大的销量，而预期产出的增加可以为农户节省成本，二者均可以提高农户的利润。而产出波动越大，农户面临风险越大，农户会控制种植量抵御风险，但会损失部分利润。而随着农户种植成本的增加，在一定范围内，农户会从公司处得到更高的收购价格，从而利润增加；而当种植成本继续增加时，增加的收购价格不足以覆盖农户成本增加的损失，农户利润下降。④说明公司利润与市场规模和产出预期成正比，与产出波动和种植成本成反比。这是因为扩大的市场规模和产出可以带来更大的销量，而农户增加的种植成本需要公司付出更高的收购价格。

3.3.3 只共享预测信息（YN模式）

这种情况下，公司只向农户共享市场预测信息，不为农户提供生产建议。因此，这种情况下参数$\alpha=\gamma=1$，$\rho\neq 0$。，由引理3.1得到引理3.2。

引理3.2 当公司只向农户分享市场预测信息时，均衡种植量、批发价格、农户与公司利润分别满足如下关系式：

$$q^{YN}\left|I=\frac{\mu_y\left[\mu_M+\rho\frac{\sigma_M}{\sigma_I}(I-\mu_I)\right]}{2(\mu_y^2+\sigma_y^2)(2c+b)}\right. \tag{3.18}$$

$$w^{YN}\left|I=\frac{\left[\mu_M+\rho\frac{\sigma_M}{\sigma_I}(I-\mu_I)\right]c}{2c+b}\right. \tag{3.19}$$

$$\pi_F^{YN}\big|I=\frac{\left(\mu_y\left[\mu_M+\rho\frac{\sigma_M}{\sigma_I}(I-\mu_I)\right]\right)^2 c}{4(\mu_y^2+\sigma_y^2)(2c+b)^2} \tag{3.20}$$

$$\pi_E^{YN}\big|I=\frac{\left(\mu_y\left[\mu_M+\rho\frac{\sigma_M}{\sigma_I}(I-\mu_I)\right]\right)^2}{4\mu_y^2(2c+b)^2} \tag{3.21}$$

对引理3.2中关系式求期望，得到定理3.3。

定理3.3 当公司只向农户共享市场预测信息，不为农户提供生产建议时，均衡种植量、批发价格、农户与公司利润分别如下：

$$q^{YN}=\frac{\mu_y\mu_M}{2(\mu_y^2+\sigma_y^2)(2c+b)} \tag{3.22}$$

$$w^{YN}=\frac{\mu_M c}{2c+b} \tag{3.23}$$

$$\pi_F^{YN}=\frac{\mu_y^2(\mu_M^2+\rho^2\sigma_M^2)c}{4(\mu_y^2+\sigma_y^2)(2c+b)^2} \tag{3.24}$$

$$\pi_E^{YN}=\frac{\mu_y^2(\mu_M^2+\rho^2\sigma_M^2)}{4(\mu_y^2+\sigma_y^2)(2c+b)} \tag{3.25}$$

性质3.3 ①$q^{YN}\big|I$与ρ和σ_M相关，而q^{YN}与ρ和σ_M无关，两者均是关于产出量μ_y、产出不确定性σ_y和种植成本c的减函数。②$w^{YN}\big|I$与ρ和σ_M相关，而w^{YN}与ρ和σ_M无关，两者均是关于市场容量预期μ_M和种植成本c的增函数。③$\pi_F^{YN}\big|I$和π_F^{YN}是关于ρ和σ_M的增函数，当$c<\frac{b}{2}$时，$\pi_F^{YN}\big|I$和π_F^{YN}均是关于产出不确定性σ_y和种植成本c的增函数；当$c>\frac{b}{2}$时，$\pi_F^{YN}\big|I$和π_F^{YN}均是关于c的减函数。④$\pi_E^{YN}\big|I$和π_E^{YN}均是关于ρ和σ_M的增函数，关于产出不确定性σ_y和种植成本c的减函数。

性质3.3①说明公司为农户提供市场预测信息，可以改变农户当期种植量，农户当期种植量与公司市场预测相关性、市场价格波动程度和预测准确性相关。但从可持续角度，公司为农户提供市场预测信息并不能改变农户的期望种植量。这是因为市场预测信息并不能从根本上改变市场容量和产出率。因此，长期来看，粮食平均种植量并不会发生变化。②说明公司为农户提供市场预测信息时，预测信息相关性越高，市场波动越大，公司收购价格越高。这是因为公司为了使农户采用市场预测信息往往提供与之相应的收购价格。然而，从长期来看，因市场预测信息并不能从根本上提高潜在市场容量，因此，公司粮食收购价格只与潜在市场容量规模成正比，与农户种植成本成反比。③农户利润与公司分享的信息相关程度和信息准确性成正比，而农户利润随着种植成本的增加先降低再增大。这是因为更精确的市场预测信息可以更好地减少农户因市场波动带来的风险损失。产出不确定性的增大会降低农户利润，而农户种植成本增加带来的利润变化取决于增加成本的大小与公司粮食收购价格提高的关系。④公司利润与公司市场预测信息的相关性和准确度正相关，与农户产出不确定性和种植成本负相关。因公司与农户为合作关系，农户为规避种植风险损失的利润也会降低公司的收益。同时，公司总是会为农户成本的增加负担更大的收购成本。因此，农户成本增加时，公司利润降低。

3.3.4 只提供生产建议（NY模式）

在这种情况下，公司并不对市场需求进行预测，仅仅向农户提供种植建议。这种情况下参数α，$\gamma > 1$，$\rho = 0$，由引理3.1得到引理3.3。

引理3.3 当公司向农户只提供生产种植建议时，均衡种植量、批发价格、农户与公司利润分别满足如下关系式：

$$q^{NY}|I = \frac{\gamma\mu_y\alpha\mu_M}{2(\gamma^2\mu_y^2 + \sigma_y^2)(2c + b)} \tag{3.26}$$

$$w^{NY}|I = \frac{\alpha\mu_M c}{2c + b} \tag{3.27}$$

$$\pi_F^{NY}|I = \frac{(\gamma\mu_y\alpha\mu_M)^2 c}{4(\gamma^2\mu_y^2 + \sigma_y^2)(2c + b)^2} \tag{3.28}$$

$$\pi_E^{NY}|I = \frac{(\gamma\mu_y\alpha\mu_M)^2}{4(\gamma^2\mu_y^2 + \sigma_y^2)(2c + b)} \tag{3.29}$$

对引理3.3中关系式求期望，得到定理3.4。

定理3.4 公司并不对市场需求进行预测，仅仅向农户提供种植建议时，均衡种植量、批发价格、农户与公司利润分别如下：

$$q^{NY}=\frac{\alpha\gamma\mu_y\mu_M}{2(\gamma^2\mu_y^2+\sigma_y^2)(2c+b)} \tag{3.30}$$

$$w^{NY}=\frac{\alpha\mu_M c}{2c+b} \tag{3.31}$$

$$\pi_F^{NY}=\frac{(\alpha\gamma\mu_y)^2\mu_M^2 c}{4(\gamma^2\mu_y^2+\sigma_y^2)(2c+b)^2} \tag{3.32}$$

$$\pi_E^{NY}=\frac{(\gamma\mu_y\alpha\mu_M)^2}{4(\gamma^2\mu_y^2+\sigma_y^2)(2c+b)} \tag{3.33}$$

性质3.4 ①$q^{NY}|I$和q^{NY}是关于市场容量扩大系数α和市场容量预期μ_M的增函数，关于产量扩大系数γ、产出不确定性σ_y和种植成本c的减函数。②$w^{NY}|I$和w^{NY}是关于市场容量扩大系数α、市场容量预期μ_M和种植成本c的增函数。③$\pi_F^{NY}|I$和π_F^{NY}是关于γ和α的增函数，关于产出不确定性σ_y的减函数。当$c>\frac{b}{2}$时，π_F^{NY}是关于c的增函数；当$c<\frac{b}{2}$时，π_F^{NY}是关于c的减函数。④$\pi_E^{NY}|I$和π_E^{NY}是关于γ和α的增函数，关于产出不确定性σ_y和种植成本c的减函数。

性质3.4①说明公司分享生产建议带来市场容量和市场预期的扩大可以提高农户的均衡种植量。农户为了达到均衡产量，种植量往往与产量提高系数成反比，同时种植成本的增加也会使得农户降低种植量。②说明当市场容量增加时，公司为了刺激农户扩大种植量往往会提高收购价格。同时，当农户种植成本增加时，为了增进合作关系，“弥补”农户因成本增加带来的损失，公司也会提高收购价格。③说明种植产出率的提高和市场容量的扩大均会为农户带来更大的利润，种植成本增加在一定范围内，种植成本的增加不但不会降低农户的利润，反而会增加其利润。这是因为公司提高的收购价格不但“弥补”了成本上升的损失，还使得农户获得剩余利润，而当种植成本超过一定范围，公司提高的收购价格将不能覆盖农户因成本增加带来的损失，农户利润下降。④说明公司利润会因市场容量和农户产出率的提高而增大，而因种植成本的增加而降低。

3.4 订单农业供应链信息共享策略对比分析

定理 3.5 $q^{YY} = q^{NY} \geqslant q^{YN} = q^{NN}$

定理 3.5 说明公司向农户提供市场预测信息并不能改变农户均衡种植量，而农户接受公司的生产建议时，农户总是会提高种植量。这是因为生产建议总是能给农户带来更大的市场容量和产出水平，即使农户产出率增加，也需要种植更多的农作物来满足扩大的市场。

推论 3.1 $Q^{YY} = Q^{NY} \geqslant Q^{YN} = Q^{NN}$

推论 3.1 说明公司向农户提供市场预测信息并不能扩大其销售量，而农户接受公司的生产建议时，市场需求增加，公司销售量提高。

定理 3.6 $w^{YY} = w^{NY} \geqslant w^{YN} = w^{NN}$

定理 3.6 说明公司向农户提供市场预测信息时并不会提高收购价格，而公司向农户提供生产种植建议时，总是会提高收购价格来促使农户接受公司提供的生产种植建议。

定理 3.7 存在阈值 $\hat{\alpha}_1$（$\hat{\alpha}_1 \geqslant 1$），当 $\alpha > \hat{\alpha}_1$ 时，$p^{YY} = p^{NY} > p^{YN} = p^{NN}$；当 $1 < \alpha < \hat{\alpha}_1$ 时，$p^{YY} = p^{NY} < p^{YN} = p^{NN}$。其中，阈值 $\hat{\alpha}_1$ 的表达式如下：

$$\hat{\alpha}_1 \equiv \frac{(\sigma_y^2 + \gamma^2\mu_y^2)^2((2b + 2c)(\sigma_y^2 + \mu_y^2) - b\mu_y)}{(\sigma_y^2 + \mu_y^2)((2b + 2c)(\sigma_y^2 + \gamma^2\mu_y^2)^2 - b\gamma\mu_y)}$$

定理 3.7 说明公司向农户提供市场预测信息并不会影响农作物的市场价格，而农户接受公司的生产种植建议时，农作物市场价格是否会提高取决于市场规模相对于农作物产出率扩大水平，当市场规模相对于农作物产出率扩大到一定阈值时，农产品销售价格上涨，而低于这一阈值时，农产品价格下降。这是因为市场预测信息并不改变市场容量和农户种植量。而公司提供的生产建议总是可以扩大市场需求，当市场规模扩大到一定水平时，即使农产品供给量增加，新的市场份额仍然供不应求，导致农产品价格上涨。

定理 3.8 存在阈值 $\hat{\alpha}_2$，公司及农户的均衡利润满足：①当 $\alpha > \hat{\alpha}_2$ 时，$\pi_F^{YY} > \pi_F^{NY} > \pi_F^{YN} > \pi_F^{NN}$ 且 $\pi_E^{YY} > \pi_E^{NY} > \pi_E^{YN} > \pi_E^{NN}$；②当 $1 < \alpha < \hat{\alpha}_2$ 时，$\pi_F^{YY} >$

$\pi_F^{YN} > \pi_F^{NY} > \pi_F^{NN}$且$\pi_E^{YY} > \pi_E^{YN} > \pi_E^{NY} > \pi_E^{NN}$。其中，阈值$\hat{\alpha}_2$的表达式如下：

$$\hat{\alpha}_2 \equiv \frac{\sqrt{(\rho^2\sigma_M^2 + \mu_M^2)(\sigma_y^2 + \gamma^2\mu_y^2)(\sigma_y^2 + \mu_y^2)}}{\gamma^2\mu_M(\mu_y^2 + \sigma_y^2)}$$

定理3.8若不考虑投资K，公司共享市场预测信息和生产种植建议均能提高农户获利水平和自身利润。且公司和农户的利润总是随着市场规模扩大比例α和产出过大比例γ的增大而增大。且当市场规模相对产出水平大于$\hat{\alpha}_2$时，生产种植建议带给农户和公司的利润增量超过市场预测信息带来的利润增量。

推论3.2　①若不考虑投资成本，$(\pi_E^{NY} - \pi_E^{NN}) > (\pi_F^{NY} - \pi_F^{NN})$。②若考虑投资K，公司不向农户收取成本费用时，投资额K应满足条件$0 < K < (\pi_E^{NY} - \pi_E^{NN})$。若公司向农户收取成本费用，投资额K应满足条件$0 < K < (\pi_E^{NY} - \pi_E^{NN}) + (\pi_F^{NY} - \pi_F^{NN})$，公司会向农户收取一定比例h的费用hK，其中$0 < h < 1$，且$hK < \pi_F^{NY} - \pi_F^{NN}$来分担其投资成本，而此时公司收益为$\pi_{E1}^{NN}$，因提供生产建议利润增加额为$\pi_{E1}^{NY} - \pi_E^{NN} - (1 - h)K$，农户此时利润为$\pi_{F1}^{NY}$，因采用生产建议利润增加额为$\pi_{F1}^{NY} - \pi_F^{NN} - hK$。③当公司进行生产建议投资时，通过设置合理的成本共担比例，生产建议投资总是能给双方带来收益，且其中农户承担的比例$0 < h < h_1$。其中h_1的表达式如下：

$$h_1 \equiv \frac{(\pi_F^{NY} - \pi_F^{NN})}{(\pi_E^{NY} - \pi_E^{NN}) + (\pi_F^{NY} - \pi_F^{NN})}$$

推论3.2①说明若不考虑投资成本，农户采用公司提供的生产建议为公司带来的收益总是大于为农户带来的收益，这是因为公司是订单农业供应链的领导者，其总是能够通过领导地位获得更大的利润。②说明若公司不向农户收取投资成本费用，其可接受的投资额为生产建议扩大的收入；若公司向农户收取投资成本费用，其可接受的投资额为生产建议为两者带来的增加收入总和。这是因为当公司向农户收取投资成本费用时，农户也承担了部分投资成本，两者属于合作投资，可以扩大投资规模。③说明公司和农户合理分配合作收益总是能够使双方受益，而具体农户承担的成本比例与农户在供应链中地位和讨价还价能力有关。且为了使得农户从生产建议中获利，农户负担的投资成本比例不应超过其在不考虑投资时，其合作收益占双方收益的比重。

3.5 数值算例分析

下面采用数值算例对公司分享市场预测和生产种植建议信息的影响进行分析。根据2010—2016年《中国农村统计年鉴》相关数据，以我国玉米为算例，并以玉米集贸市场价格指数作为价格参数，通过统计价格与玉米产量间关系，得到以下参数 $\mu_M = 145.55$，$\sigma_M = 8.95$，$c=30.98$，$b=5.37$。同时，对黑龙江省黑河市逊克县进行实地调研后，按照实际情况设置参数 $\mu_y = 0.85$，$\sigma_y = 0.15$。

3.5.1 市场预测信息影响分析

分析公司向农户只提供市场预测信息时，市场预测信息相关性和准确性对公司和农户利润的影响。此时 $\alpha = \gamma = 1$，那么农户和公司利润随市场预测信息相关性 $\rho \in [0,\ 1]$ 的变化情况如图3-1和图3-2所示。

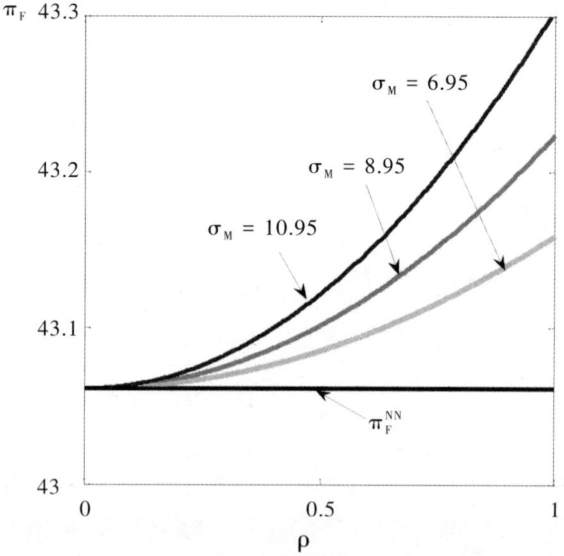

图3-1 农户利润随信息有效性变化图

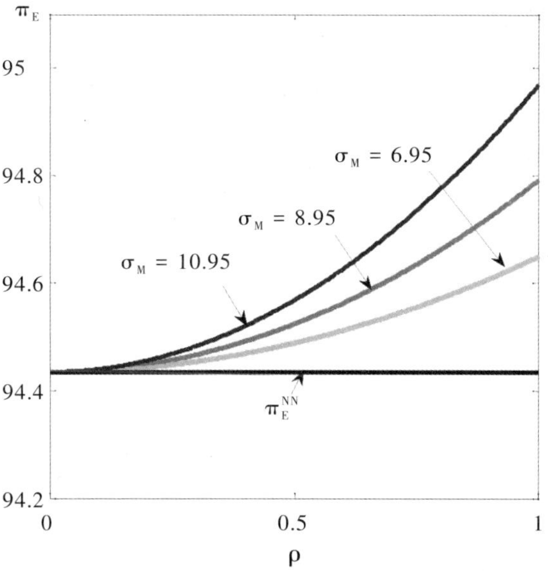

图 3-2　公司利润随信息有效性变化图

从图 3-1 和图 3-2 发现，公司向农户提供市场预测信息总是能增加农户和自身利润。而且公司和农户利润的增加随着公司提供的市场预测信息相关性的增强和市场波动性的增大而增大。这说明市场波动性和市场预测能力会制约农户获利能力，公司更好的市场预测能力可以为农户带来更准确的市场信息，尤其当市场波动较大时，信息共享带来的好处就更加明显。而公司与农户为合作关系，公司也总是能从农户增加的利润中获得更大的利润。

3.5.2　生产种植建议影响分析

公司只提供生产种植建议时，此时 $\rho = 0$，假设参数 $\alpha \in [1,\ 2]$，$\gamma \in [1,\ 2]$，那么农户和公司利润随市场规模扩大比例 α 和产出扩大水平 γ 的变化情况如图 3-3 和图 3-4 所示。

从图 3-3 和图 3-4 发现，若不考虑投资，公司向农户提供生产种植建议总是可以增加农户和公司利润，且二者利润均随着市场规模扩大比例和产出扩大水平的增大而增大。这是因为公司提供生产种植建议时，公司总是会提高粮食收购价格，增加农户的利润。同时，公司生产种植

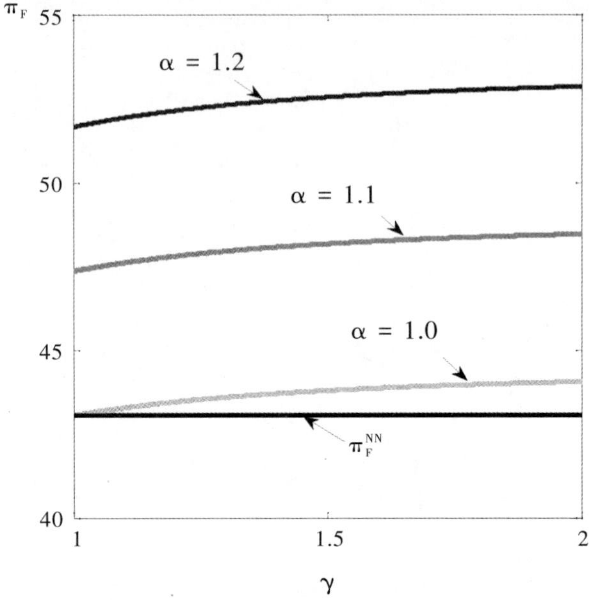

图 3-3 农户利润随产出扩大水平变化图

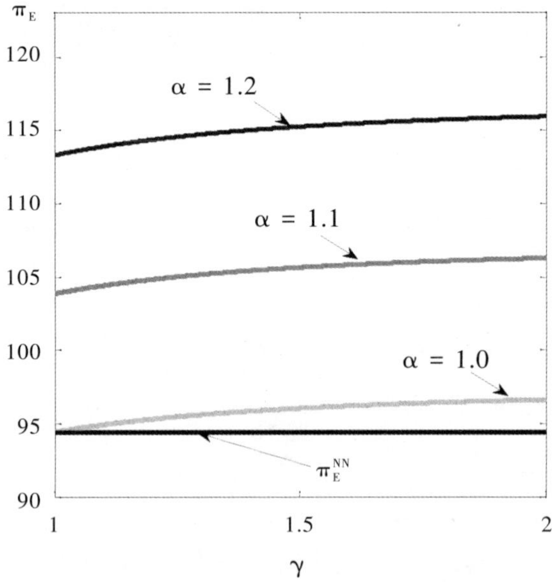

图 3-4 公司利润随产出扩大水平变化图

建议可以扩大市场容量和农产品销售量，若不考虑生产建议投资时，扩大的市场规模和销售量总会给公司带来更大的利润。

进一步对公司进行生产建议投资进行验证。取$\alpha = 1.1$，$\gamma = 1.2$，$K=15$，那么公司收取和不收取成本费用情况下农户和公司利润变化情况如图3-5和图3-6所示。

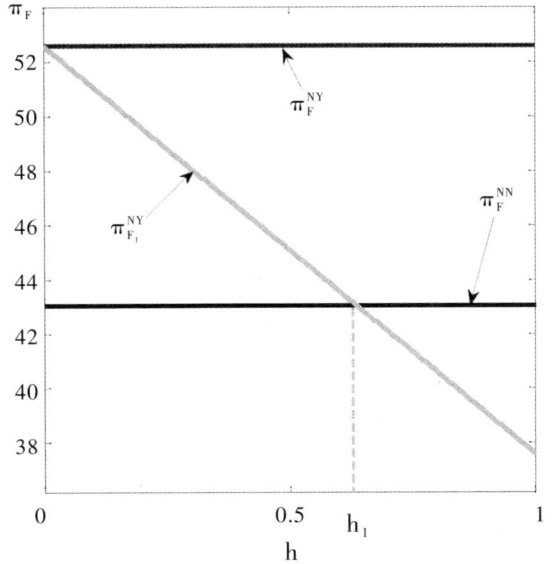

图3-5 农户利润随成本分担比例变化图

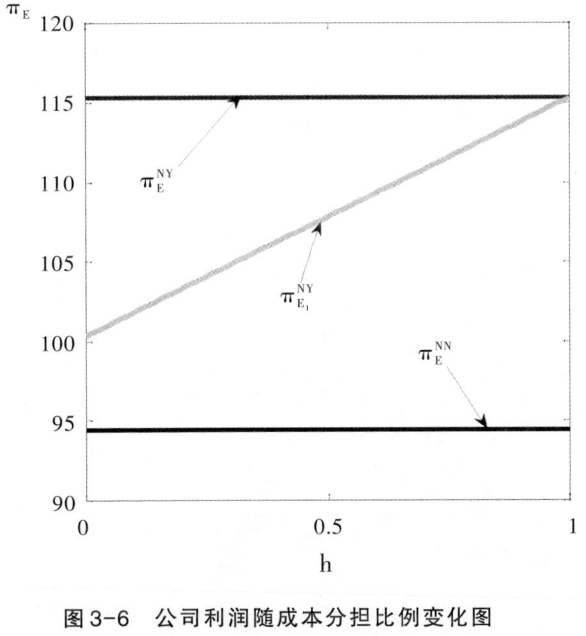

图3-6 公司利润随成本分担比例变化图

从图3-5和图3-6发现，当考虑公司生产建议投资成本时，随着农户承担投资成本比例h的增大，农户收益下降，公司利润上升。当承担投资成本比例h达到一定阈值h_1，农户将不会再采用公司的生产建议。

3.6 本章小结

本章讨论“公司+农户”型订单农业运营中，具有优势的粮食龙头企业与农户分享市场预测和提供生产建议对公司和农户种植决策及利润的影响。随着订单农业运营模式在我国范围内的广泛推广，公司和农民间的合作更加紧密。不但制定收购契约，还为农户提供生产信息服务，如市场预测信息共享，提供生产种植建议等。本章的研究发现，公司共享市场预测信息虽然不会使农户提高种植量，但总是会提高农户和自身利润。若生产建议能带来一定的市场规模扩大和为农户带来一定的产量提高率，公司会进行一定生产投资，且投资规模超过一定金额时，公司会向农户收取一定比例的成本费用来分担投资成本。通过市场调研发现，现实中当生产建议投资金额较小时，公司一般仅向农户收取低额管理费；而当生产建议投资额较大时，鼓励农户以入股的方式进行合作投资。同时，为了促使农户采用其生产种植建议，公司总是会提高粮食收购价格，而接纳公司生产种植建议的农户总是会提高种植量。

基于上述研究结论，得到以下管理启示：一是“公司+农户”型订单农业供应链中，公司企业应充分利用其自身优势，与农户共享市场预测信息。二是政府部门可以对“公司+农户”型农业供应链进行一定的生产种植专用补贴以提高农户产量和扩大市场规模。然而，该补贴应该设立合理的机制，以防止公司利用其供应链中主导地位，侵占农户利益。如可以考虑补贴农户，农户入股公司的模式参与公司生产种植投资的方式等。

第 4 章　订单农业供应链融资策略

在“公司+农户”型订单农业供应链中，公司具有更好的资金实力，农户在融资生产时既可以选择银行融资，也可以选择从公司处进行供应链融资。针对农户两种融资选择模式，本章分别建立了 Stackelberg 博弈模型。利用对比分析的方法，深入讨论了这种农业供应链金融模式相对农户银行融资模式下的订单契约参数和生产经营决策，对公司和农户利润的影响，以及消费者剩余和社会福利的变化。在本章最后采用数值算例的形式对分析结果进行进一步验证并得到了更加深入的管理启示。

4.1　问题描述

农业大户生产规模的扩大，需要大量资金购置或租用现代农机设备，再者农产品生产周期较长，资金回笼较慢。这些给农业大户或农业合作社带来巨大的资金压力。然而，农村金融市场还不完善，农业大户从银行获得贷款的能力十分有限。因此，资金压力是制约农业大户、农业合作社发展的一个重要因素。作为订单农业供应链领导者的龙头企业，资金相对雄厚、贷款能力较强，在为农业大户提供生产服务的基础上提供企业银行功能已经成为龙头企业新的盈利模式，而这种供应链金融模式会给公司和农户生产运营决策和利润带来怎样的影响，是实业界和学术界非常关注的问题。

关于供应链金融的研究主要从零售商资金约束和供应商资金约束两个方面进行讨论。零售商融资方面，Buzacott和Zhang（2004）首次将资产抵押融资引入生产运营决策模型研究。Chen和Teng（2014）研究了制造商向零售商提供与订货量匹配的延期支付时零售商的订货决策。Sarkar和Saren（2015）建立了产品具有固定生命周期时的库存决策模型。关于外部融资，占济舟和张福利（2014）探讨了零售商商业信用决策的选取条件，并提出了一种激励零售商和供应商共同采用商业信用的供应链协调机制。也有学者对比了不同运营条件下，零售商在商业信用和银行借贷两种融资方式的选择决策以及对市场均衡和供应链绩效的影响（Kouvelis和Zhao；2012；Chen，2015；郭金森等，2017）。供应商融资方面，Thangam（2012）针对制造商对零售商提供全预付折扣期和零售商对客户提供预付折扣期的情况，探讨了两级供应链定价和订货决策。王文利等（2014）探讨了制造商如何在提供预付款和提高商品价格之间的选择问题。研究结果表明制造商自有资金量是决策的关键依据。周建和任露璐（2017）将供应链拓展为三级，研究了供应商具有资金约束时的贷款融资决策与定价问题。

然而，我国订单农业兴起较晚且农村金融市场还不完善，通过供应链金融模式为农户带来资金补给具有重要意义。然而，关于农业供应链金融的研究还比较有限。因此，本章针对“公司+农户”订单模式下，公司为农户提供融资业务这种订单农业运营模式，通过对比分析的方式，深入讨论了这种农业供应链金融模式相对农户银行融资模式下的订单契约参数和生产经营决策，以及对公司和农户利润的影响。

4.2 订单农业供应链融资策略模型构建

本节探讨“公司+农户”订单农业组织模式下，一个公司和一个农业大户组成的供应链系统。农业生产前，公司与农户签订农产品收购契约，收购价格为w，然后公司对外销售，不失一般性，认为农产品零售价格与销量具有线性关系。借鉴文献（叶飞等，2017；叶飞和王吉璞，2017；Boyabatli等，2011），假设农产品市场价格$p=a-bQ$，其中$a>0$，表示窒息价格，即当市场价格高于a时，农产品将没有销量，且公司对外销售时的单位销售成本为c_E。不考虑农户与公司道德风险，借鉴文献（Jing和Seidmann，2014），假设农户初始资金为0，按照农业大户融资主体的不同，分为A和B两种不同的融资模式：A代表农户向银行借贷融资，这种模式下银行为农户贷款利率为r_0；B代表农户向公司借贷融资，这种融资模式下公司向农户提供融资服务的贷款利率为r，公司资金成本为r_E。农户根据收购价格和融资成本决定生产投入量Q，借鉴文献（Niu等，2016），假设农户生产成本为$C(Q)=cQ^2$，其中$c>0$，表示生产成本系数。下标E、F分别代表公司与农户；上标A、B分别代表农户银行融资模式和公司融资模式。

在A融资模式下，公司和农户的利润函数分别为：

$$\pi_E^A=(p-w-c_E)Q \tag{4.1}$$

$$\pi_F^A=wQ-cQ^2(1+r_0) \tag{4.2}$$

在B融资模式下，公司和农户的利润函数分别为：

$$\pi_E^B=(p-w-c_E)Q+cQ^2(r-r_E) \tag{4.3}$$

$$\pi_F^B=wQ-cQ^2(1+r) \tag{4.4}$$

4.3 订单农业供应链不同融资策略契约设计

4.3.1 农户银行融资（A模式）

在农户银行模式下，公司不对农户提供融资服务，农户通过银行获得生产资金，资金成本为r_0。公司以收购价格向农户收购农产品，再向市场销售。不失一般性，考虑如下一个两阶段的Stackelberg博弈。第一阶段，作为领导者的公司优先制定农产品收购价格w。第二阶段，农户根据收购价格和资金成本决定生产投入量Q。根据逆向求解法，公司和农户的决策问题求解如下。

（1）农户的最优生产投入量决策

农户根据收购价格和融资成本进行产量决策，决策函数如下：

$$\max_{Q} \pi_F^A = wQ - cQ^2(1 + r_0) \tag{4.5}$$

对式（4.5）求解，可得农户生产投入量的最优反应函数为：

$$Q = \frac{w}{2c(1 + r_0)} \tag{4.6}$$

（2）公司收购价格决策

在这种模式下，公司收购价格决策函数如下：

$$\max_{w} \pi_E^A = (p - w - c_E)Q \tag{4.7}$$

将式（4.6）代入决策函数式（4.7）并求解，可得公司最优收购价格为：

$$w^{A*} = \frac{p - c_E}{2} \tag{4.8}$$

将式（4.8）代入式（4.6）可得农户最优生产投入量Q^{A*}，并将Q^{A*}、w^{A*}代入公司和农户的利润函数，可得农户银行贷款模式下系统均衡解，见表4-1。

表4-1 农户银行贷款模式下系统均衡解

Q^{A*}	w^{A*}	π_E^{A*}	π_F^{A*}
$\frac{(a-c_E)}{2(2c+b+2cr_0)}$	$\frac{c_E(a-c_E)(1+r_0)}{2c+b+2cr_0}$	$\frac{c_E(a-c_E)^2(1+r_0)}{4(2c+b+2cr_0)^2}$	$\frac{(a-c_E)^2}{4(2c+b+2cr_0)}$

4.3.2 农户公司融资（B模式）

在农户公司融资模式下，公司不仅向农户收购农产品，还以利率 r 向农户提供融资服务，且公司资金成本为 r_E。季末公司以收购价格向农户收购农产品，再向市场销售。不失一般性，考虑如下一个两阶段的Stackelberg博弈。第一阶段，作为领导者的公司优先制定农产品收购价格 w。第二阶段，农户根据收购价格和资金成本决定生产投入量 Q。根据逆向求解法，公司和农户的决策问题求解如下：

（1）农户的最优生产投入量决策

在农户公司融资模式下，农户根据收购价格和融资成本进行产量决策，决策函数如下：

$$\max_{Q} \pi_F^B = wQ - cQ^2(1+r) \tag{4.9}$$

对式（4.9）求解，可得农户生产投入量的最优反应函数为：

$$Q = \frac{w}{2c(1+r)} \tag{4.10}$$

（2）公司收购价格决策

在这种模式下，公司决策函数如下：

$$\max_{w} \pi_E^B = (p - w - c_E)Q + cQ^2(r - r_E) \tag{4.11}$$

将式（4.10）代入决策函数式（4.11）并求解，可得公司均衡收购价格为：

$$w^{B*} = \frac{(1+r)(p-c_E)}{2+r+r_E} \tag{4.12}$$

将式（4.12）代入式（4.10）可得农户最优生产投入量 Q^{B*}，并将 w^{B*}、Q^{B*} 代入公司和农户的利润函数，可得农户公司融资模式下系统均衡解，见表4-2。

表4-2　农户公司融资模式下系统均衡解

Q^{B*}	w^{B*}	π_E^{B*}	π_F^{B*}
$\frac{(a-c_E)}{2(b+2c_E+c_Er+c_Er_E)}$	$\frac{c_E(1+r)(a-c_E)}{b+2c_E+c_Er+c_Er_E}$	$\frac{(a-c_E)^2}{4(b+2c_E+c_Er+c_Er_E)}$	$\frac{c_E(1+r)(a-c_E)^2}{4(b+2c_E+c_Er+c_Er_E)}$

4.4 订单农业供应链融资策略对比分析

命题4.1 存在阈值$\hat{r}_1$，当$r>\hat{r}_1$时，$w^B>w^A$；当$r<\hat{r}_1$时，$w^B<w^A$。其中$\hat{r}_1$表达式如下：

$$\hat{r}_1\equiv\frac{br_0+cr_E+cr_0r_E}{b+c+cr_0}$$

证明： 因$w^B-w^A=\frac{(a-c_E)c(br-br_0+cr-cr_E+crr_0-cr_0r_E)}{(b+2c+2cr_0)(b+2c+cr+cr_E)}$，可得命题4.1。

命题4.1说明当公司提供较低的融资利率时，也会要求较低的收购价格。这是因为当公司为农户提供融资服务时，公司的收入来源分为两部分，一部分为粮食销售收入，另一部分为利息收入。因此，当公司牺牲部分利息收入时，将会要求较低的收购价格从而提高粮食销售收入。

命题4.2 存在阈值$\hat{r}_2$，当$r>\hat{r}_2$时，$Q^B<Q^A$；当$r<\hat{r}_2$时，$Q^B>Q^A$。其中$\hat{r}_2$表达式如下：

$$\hat{r}_2\equiv 2r_0-r_E$$

证明： 因$Q^B-Q^A=-\frac{c(a-c_E)(r-2r_0+r_E)}{2(b+2c+2cr_0)(b+2c+cr+cr_E)}$，可得命题4.2。

命题4.2说明公司倾向制定较低的借贷利率来刺激农户扩大生产规模，但农户也需要以更低的收购价格来作为低利率资金成本的回报。

命题4.3 ①当$r_E>\frac{b^2+4c^2r_0(1+r_0)}{4c^2(1+r_0)}$时，$\pi_F^B<\pi_F^A$。②当$r_E<$

$\frac{b^2+4c^2r_0(1+r_0)}{4c^2(1+r_0)}$时，存在阈值$\hat{r}_3$和$\hat{r}_4$，若$r\in\left(\hat{r}_3,\ \hat{r}_4\right)$，则$\pi_F^B>\pi_F^A$；若$r\in(0,\ \hat{r}_3)$或$r\in(\hat{r}_4,\ 1)$，则$\pi_F^B<\pi_F^A$。其中$\hat{r}_3$和$\hat{r}_4$的表达式如下：

$$\hat{r}_3\equiv\frac{2bc-(b+2c+2cr_0)\sqrt{M}+M+2c^2r^2+2c^2r_0r_E+2bcr_0}{2c^2(r_0+1)}$$

$$\hat{r}_4\equiv\frac{2bc+(b+2c+2cr_0)\sqrt{M}+M+2c^2r^2+2c^2r_0r_E+2bcr_0}{2c^2(r_0+1)}$$

其中，$M=4c^2(r_0-r_E)(1+r_0)+b^2$

证明：因$\pi_F^B-\pi_F^A=-\frac{c(a-c_E)^2\left(b^2(r-r_0)+\left(2bc(r-r_E)-c^2(r+r_E)^2+4c^2(r+r_0-r_E)\right)(r_0+1)\right)}{4\left(b+2c+2cr_0\right)^2\left(b+2c+cr+cr_E\right)^2}$，可得命题4.3。

命题4.3①说明如果政府部门给予农户一定的融资福利，使得农户可以较公司以更低的利率获得银行贷款，那么无论公司向农户提供多么优惠的融资利率，农户选择银行融资总是有利于自身利润。这是因为公司向农户提供低融资利率总是伴随着更低的收购价格为条件，并不总是有利于提高农户的收益。②说明如果银行不能提供农户更低的融资利率，农户选择向公司融资时，只有当公司融资利率在一定范围内，才会提高农户的利润。而过低的公司融资利率并不能给农户带来更好的收益，这是因为当公司融资利率很低时，公司会制定更低的收购价格，意味着农户需要分享更多的利润给公司来获得较低的资金成本。而公司融资利率很高时，农户不但会承担很高的资金成本，还会降低生产投入，以致降低利润。

命题4.4 当$r<2r_0-r_E$时，$\pi_E^B>\pi_E^A$；当$r>2r_0-r_E$时，$\pi_E^B<\pi_E^A$。

证明：因$\pi_E^B-\pi_E^A=\frac{(a-c_E)^2(2r_0-r_E-r)}{4(b+2c+2cr_0)(b+2c+cr+cr_E)}$，可得命题4.4。

命题4.4说明当农户选择公司融资时，公司制定较低的融资利率反而会提高利润；制定较高的融资利率并不会带来更高的收益。这是因为公司提供融资服务后，较低的借贷利率可以获得较低的收购价格，从而提高公司利润，却侵蚀农户利润。

由命题4.3和命题4.4可得如下推论：

推论4.1 若 $r_E < \frac{b^2 + 4c^2 r_0(1 + r_0)}{4c^2(1 + r_0)}$，当 $\hat{r}_3 < r < \hat{r}_2$ 时，农户和公司可以实现双赢。

推论4.2 当农户不具备良好的融资条件，不能从银行获得低利率融资时，公司可以制定适当的融资利率获得供应链成员的双赢。这样不但可以提高自身利润，还有助于增强与农户之间的合作关系。

4.5 数值算例分析

为了对上述命题进行验证并得到更加深入的分析结论，下面采用数值仿真的形式对两种融资模式下公司和农户生产经营决策和绩效进行对比分析。相关参数基准值和取值范围设置为：a=10，b=2，c=1，$c_E = \frac{1}{2}$，$r_0 = 6\%$。下面分别讨论农户在不同融资能力下的公司与农户的生产运营决策和绩效。①农户从银行融资能力很弱，公司具有相对较好的融资能力，即 $r_0 > r_E$，令 $r_0 = 10\%$。②农户与公司具有相同的银行融资能力，即 $r_0 = r_E$，令 $r_0 = 6\%$。③农户可以获得政策性贷款，可以较公司以更低的利率获得银行贷款，即 $r_0 < r_E$，令 $r_0 = 3\%$。④农户可以获得免息银行贷款，即 $r_0 = 0$。

从图4-1可以看出，农户利润方面，当公司借贷利率一定时，随着农户从银行融资能力的增强，农户公司融资模式下获利能力增强。这是因为随着农户银行融资能力的增强，公司借贷利率一定时，会给予农户更高的收购价格。同时，可以发现，当农户利润一定时，随着农户银行融资能力的增强，公司会为农户提供更低的借贷利率。这是因为当农户银行融资能力增强时，公司需要提供更低的借贷利率促成资金合作。再者，整体上来看，农户公司融资模式下利润总是随着公司借贷利率的增大而增大，这是因为农户虽然付出了较高的资金成本，但会获得较高的收购价格，利润反而会有所增加。

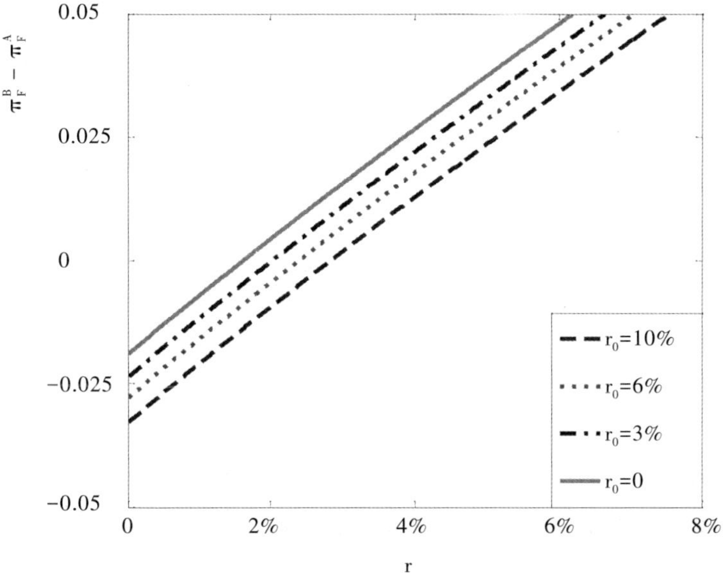

图4-1　不同融资模式下农户利润变化

从图4-2可以看出，公司利润方面，当公司贷款政策一定时，随着农户从银行融资能力的增强，公司获利能力减弱。同时，研究发现，当公司利润一定时，随着农户银行融资能力的增强，公司会为农户提供更低的借贷利率，当农户从银行融资贷款利率足够低时，公司不再具有与农户进行资金合作的能力。再者，整体上来看，农户公司融资模式下，公司利润总是随着公司借贷利率的增大而降低，这是因为农户虽然付出了较高的资金成本，但会要求较高的收购价格，而公司与农户进行资金合作时，公司的利润来自资金利息收入和农产品销售收入，当农户银行融资利率足够低时，公司牺牲的销售收入并不能覆盖利息收入，会导致总利润下降。

从图4-3可以看出，供应链整体利润方面，随着农户银行融资能力的增强，公司融资模式供应链利润下降。且当政府为农户提供补贴性低利率融资时，公司融资模式将不再存在。

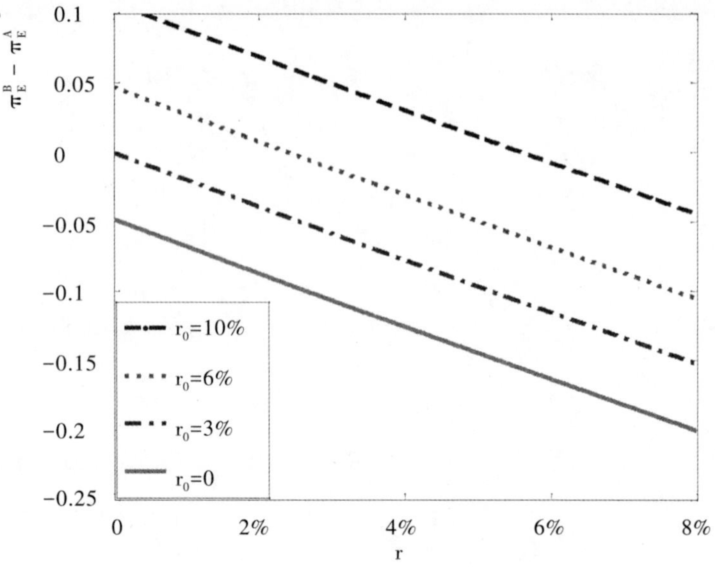

图 4-2 不同融资模式下公司利润变化

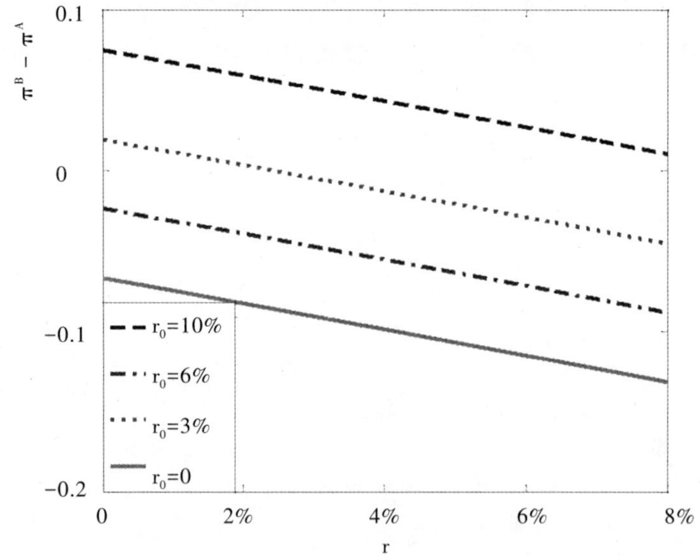

图 4-3 不同融资模式下供应链利润变化

4.6 本章小结

本章针对“公司+农户”这种最常见的订单农业组织模式，探讨在农村金融市场还不完善，农业大户或合作社从银行获得贷款的能力十分有限这种现状下，公司为农业大户提供生产服务的基础上提供融资功能这种新的盈利模式给自身和农户以及整个供应链带来的影响。研究发现，当农户不具备良好的融资条件，不能从银行获得低利率融资时，公司可以制定适当的融资利率获得供应链成员的双赢。这样不但可以提高自身利润，还有助于增强与农户之间的合作关系。同时，公司融资模式下，公司提供的融资利率越低，越能激励农户扩大生产投入，但也会要求越低的收购价格，因此过低的公司融资利率并不总是对农户有利。数值算例表明，农户银行融资能力的增强不仅会提高农户银行融资模式下的获利能力，也会提高农户在公司融资模式下的获利能力。且当农户可以在银行获得政策性优惠贷款时，公司将不能从公司融资这种盈利模式上获利，公司融资这种合作模式将不复存在。

基于上述研究结论，得到以下管理启示：一是在农村金融市场还不完善，农户银行融资能力较弱的当下，公司可以通过为农户提供融资服务来进一步深入合作，实现双赢。二是政府应鼓励银行等机构探讨、创新农村业务模式，提高农户银行融资能力，促进农户收入增长。

第5章 订单农业供应链“土地流转+职业农民”合作策略

本章针对传统“公司+农户”型订单农业供应链，设计了一种基于土地流转的订单农业供应链合作模式和与之匹配的订单契约。在这种合作模式下，农户流转土地后，通过职业农民身份参与公司的生产经营。针对传统和土地流转两种供应链合作模式，分别建立了Stackelberg博弈模型。利用对比分析的方法，探讨这种合作模式给供应链成员经营决策和收益带来的影响，并分析了消费者剩余和社会福利的变化。在本章最后采用数值算例的形式对分析结果进行进一步验证并得到了更加深入的管理启示。

5.1 问题描述

土地流转是解决农业土地碎块化问题的主要手段（Dijk，2003），并为农业现代化的实施提供了基础条件（马晓河和崔红志，2002）。国家“十三五”规划纲要明确指出：依法推进土地经营权有序流转，通过代耕代种、联耕联种、土地托管、股份合作等方式，推动实现农业适度规模经营，并通过创新农业经营组织方式，构建现代农业经营体系。订单农业是农业现代化发展中的重要生产经营模式，在推进农业产业化发展方面发挥了重要作用。2020年中央一号文件明确提出鼓励农户通过订单农业融入农业产业链。土地流转政策的推进促成了土地规模经营，为订单农业的进一步发展创造了条件，非常有必要创新农户通过土地流转参与订单农业运营的供应链协作模式，促进农村一二三产业融合发展，让农民合理分享全产业链增值收益。

农户通过土地流转参与订单农业运营的供应链协作问题，一是要解决农村土地流转模式与定价问题；二是要解决订单农业供应链协作模式与契约设计问题。随着农业现代化的推进，这两个问题都受到学者的广泛关注。

农村流转模式和定价问题是土地流转的核心问题。随着土地流转的推广，出现了多种土地流转模式，主要包括转包与出租、转让与互换、土地入股和反租倒包等（黄少安，2018）。现有研究主要通过农民增收、农村经济发展和农业现代化水平的提高来评价土地流转方式的成功与否（王正宇，2018）。土地承包经营权的价值估计和定价，是农户进行流转决策时的重要参考条件，受到多种因素的影响。林彤等（2017）以东北农产品主产区为样本进行土地流转价格影响因素研究，发现耕地面积产量是影响土地流转价格的主要因素。宋戈和林彤（2016）以黑龙江省克山县为例对农村土地规模化流转的定价机制进行了深入研究。文章提出了一种土地流转定价机制能够赋予农民更多财产权利，为土地流转价格的制定提供理论基础。还有很多学者发现，土地流转的价格与其他因素有关，如土地质量（张成玉，2013）、土地连片程度（穆松林等，2011）和地区经济（吴学兵和丁建军，2016）等。

现阶段关于订单农业供应链合作模式研究已经取得了大量研究成果。"公司+农户"是订单农业的最普遍组织模式（Guo等，2007），这种模式下，公司倾向分担农业成本，如种子、农药、化肥、农机等来促进农户与其合作并建立农业订单，促进农户提高农业投入，增加农民收入（Miyata等，2007）。浦徐进等（2016）通过将不同协作模式下的农户和公司的生产努力投入水平和利润进行对比分析，得出我国农业应该根据实际情况开展多种组织模式共存的农业产业体系的结论。钟钰和陈金波（2016）利用博弈理论对比分析了农户在龙头企业带动型、合作社联动型和合作社一体化三种农业供应链协作模式下的收益，并发现农户在合作社一体化模式下会获得最大收益。Tang等（2015）通过将市场信息分为市场价格预测和种植建议两类，并发现需求不确定的情况下，市场预测信息的分享总是会提高农户的收益，但生产建议对农户收益的提高并没有直接影响。针对不同供应链协作模式，设计合理有效的订单农业供应链契约是订单农业的核心问题（叶飞和蔡子功，2019；Tuan，2012；Pultrone，2012；Boyabatli等，2011）。订单契约价格会给农产品种植量和农民收入造成不同影响（Tuan，2012；Wu，2015）。叶飞等（2017）提出当农户具有资金约束时，订单收购价格与农户贷款利率具有正向关系，农户收益还同时受到年产出能力与贷款利率的双重影响。伏红勇和但斌（2015）针对订单农业中公司通过天气期权规避天气风险，设计了“天气期权+风险补偿+加盟金”的订单契约机制来促进供应链协调，并用数值仿真的方法进行了验证。杨晨辉等（2012）研究了涉农企业在订单式农业中利用套期保值规避流动性风险问题。研究结果表明，当公司进行不完全套期保值时，固定回收价格订单模式不能使公司达到最优效用，而点价订单模式可以使公司效用最大化。Niu等（2016）讨论了不同供应链协作模式下的订单农业供应链协调问题。结果表明，一定条件下，成本共担契约可以使“公司+农户”和“公司+中介+农户”两种组织模式下农业供应链成员多方共赢。

以上研究为农村土地流转和订单农业的发展做出了重要的贡献。随着土地流转和订单农业的进一步推广，农户可以通过土地流转融入订单农业运营，促成新的订单农业供应链协作模式。面对我国农村劳动力变化趋势和加快现代化农业的迫切要求，自2012年来连续8个中央一号文件都强调要培育新型职业农民（韩长赋，2019）。为此本章设计了一种基于土地流转的订单农业供应链合作模式和与之匹配的订单契约，探讨农户流转土地后，通过职业农民身份参与公司的生产经营，供应链生产经营决策和成员收益较一般订单农业供应链协作环境下的变化，为农户和公司基于土地流转进行订单农业生产合作提供决策支持。

5.2 订单农业供应链土地流转策略模型构建

本章针对由一个农户和一个公司组成的“公司+农户”型订单农业供应链，设计一种基于土地流转的订单农业供应链协作模式和与之匹配的订单契约，探讨该模式下农户与公司的生产经营决策和收益较传统订单农业供应链协作模式下的变化。基于现实情况，考虑两类订单农业供应链协作模式：一般“公司+农户”订单农业供应链模式和基于土地流转的订单农业供应链模式。一般“公司+农户”订单农业供应链模式下，公司在生产种植前与农户以一定收购价格 w 签订农产品收购契约，农户在自有土地上根据收购价格决定种植量 q 和产出努力程度 μ 进行耕作。农产品收货后农户按照订单价格将农产品卖给公司，公司再继而在市场上售卖。基于土地流转的订单农业供应链协作模式下，生产季节前，农户按照固定价格 K 将土地流转给农产品公司，公司因不具有耕作能力，雇佣农户在流转来的土地上进行种植。公司决定种植量而农户决定自己生产种植努力程度，公司按照农户生产种植努力程度付给农户工资 $n\mu$，其中 n 为单位努力工资。农产品收获后归公司所有，公司直接在市场上售卖。为了探讨如何通过设计契约促进基于土地流转的订单农业供应链达到协调，进而将这类供应链合作模式下的生产经营决策分为供应链集中决策和供应链分散决策两种情况。

借鉴文献（叶飞和蔡子功，2019；Cai等，2010），不同供应链模式下农产品生产成本是投入生产的种植量 q 以及产出努力程度 μ 的二次函数，即生产成本 $C=\frac{c_1q^2}{2}+\frac{c_2\mu^2}{2}$，其中 $c_1>0$ 为投入成本系数，$\frac{c_1q^2}{2}$ 为生产农产品投入的耕地种植成本，包括种子、化肥、农药等；$c_2>0$ 为农户的产出努力成本系数，$\frac{c_2\mu^2}{2}$ 则表示农户生产农产品付出的努力成本。假设土地在一定种植量下，种植量和生产努力程度对产量的影响是相互独立的，即假设 $Q=q+h\mu$，其中 $q\in\left[q_{min},\ q_{max}\right]$ 且 $q_{min}>0$，h 为努力程度影响系数，且$0 < h < 1$。类似文献（Boyabatli等，2011；叶飞等，2017），假设农产品市场价格为$p = m - bQ$。为了区别起见，将分别采用上角标N、C和D分别表示一般“公司+农户”订单农业模式、基于土地流转的订单农业模式下的供应链集中决策模式和基于土地流转的订单农业模式下的供应链分散决策模式。

5.3 订单农业供应链土地流转策略契约设计

5.3.1 一般“公司+农户”订单农业模式（N模式）

在这种模式下，种植季节初公司与农户签订契约，承诺在收获季节以w的契约价格收购农产品，农户承担耕地种植成本与产出努力成本，农产品收获后以价格w销售给公司，公司再到市场进行销售。公司与农户的决策过程符合如下一个两阶段的Stackelberg博弈。第一阶段，作为领导者的公司在生产季节初优先决定农产品收购价格w。第二阶段，农户根据收购价格决定种植量q和产出努力μ。公司与农户的决策函数如下：

$$\max_{w} \pi_E^N = (p - w)Q \tag{5.1}$$

$$\max_{q,\mu} \pi_F^N = wQ - (C_1 + C_2) \tag{5.2}$$

根据Q，C_1，C_2与q和μ之间的关系，将公司和农户的目标函数化简为只关于w，q和μ的决策问题，如下所示：

$$\max_{w} \pi_E^N = (m - b(q + h\mu) - w)(q + h\mu) \tag{5.3}$$

$$\max_{q,\mu} \pi_F^N = w(q + h\mu) - \left(\frac{c_1 q^2}{2} + \frac{c_2 \mu^2}{2}\right) \tag{5.4}$$

为了确保得到的结果为子博弈Nash均衡，采用逆序归纳法求解各成员的决策问题，并得到如下命题：

命题5.1 在一般订单农业模式下，公司收购价格、农户种植量、产出努力水平和农产品总产量，以及公司和农户利润分别为：

$$w^N = \frac{mc_1c_2}{2(bc_1h^2 + bc_2 + c_1c_2)} \tag{5.5}$$

$$q^N = \frac{mc_2}{2(bc_1h^2 + bc_2 + c_1c_2)} \tag{5.6}$$

$$\mu^N = \frac{mhc_1}{2(bc_1h^2 + bc_2 + c_1c_2)} \tag{5.7}$$

证明：当公司向农户提供的契约收购价格给定时，对农户决策函数关于种植量和努力水平的二次导数分别为 $\partial^2\pi_F^N/\partial q^2 = -c_1 < 0$ 和 $\partial^2\pi_F^N/\partial\mu^2 = -c_2 < 0$，所以 π_F^N 是关于种植量和努力水平的凹函数。然后，根据二者的一阶导数可得到最优反应函数组 $q^N = \frac{w}{c_1}$ 和 $\mu^N = \frac{hw}{c_2}$，并代入公司的决策函数（5.3），得到公司利润关于收购价格的二次导数 $\partial^2\pi_E^N/\partial w^2 = -(2(c_1h^2 + c_2)(bc_1h^2 + bc_2 + c_1c_2))/(c_1^2c_2^2) < 0$，因此，$\pi_E^N$ 是关于 w 的凹函数。令 $\partial\pi_E^N/\partial w = 0$，得到最优收购价格 w^N。将 w^N 代入 $q^N = \frac{w}{c_1}$ 和 $\mu^N = \frac{hw}{c_2}$，得到均衡种植量 q^N 和努力水平 μ^N。

将上述决策均衡解代入产量函数及公式（5.3）和（5.4）可得到订单模式下均衡产量及公司和农户的均衡利润，得出推论5.1。

推论5.1 在一般订单农业模式下，公司收购价格、农户种植量、产出努力水平和农产品总产量，以及公司和农户利润分别为：

$$Q^N = \frac{m(c_1h^2 + c_2)}{2(bc_1h^2 + bc_2 + c_1c_2)} \tag{5.8}$$

$$\pi_E^N = \frac{m^2(c_1h^2 + c_2)}{4(bc_1h^2 + bc_2 + c_1c_2)} \tag{5.9}$$

$$\pi_F^N = \frac{c_1c_2m^2(c_1h^2 + c_2)}{8(bc_1h^2 + bc_2 + c_1c_2)^2} \tag{5.10}$$

5.3.2 土地流转的订单农业模式

在土地流转模式下，农户以固定价格 K 将土地流转给公司，同时，公司雇用农户进行种植。在这种模式下，公司具有种植决策权，其决策种植量 q，而农户可以决策自身产出努力水平 μ。

（1）集中决策

在供应链集中决策模式下，公司与农户以供应链整体利润最大化为目标，双方决策函数可表示为：

$$\max_{q,u} \pi_Z^C = qQ - C \tag{5.11}$$

根据Q，C与q和μ之间的关系，将公司和农户的目标函数简化为只关于q和μ的决策问题，如下所示：

$$\max_{q,u} \pi_Z^C = (m - b(q + h\mu))(q + h\mu) - \left(\frac{c_1 q^2}{2} + \frac{c_2 \mu^2}{2}\right) \tag{5.12}$$

为了确保得到的结果为子博弈Nash均衡，采用逆序归纳法求解各成员的决策问题，并得到如下命题：

命题5.2 在集中模式下，农户种植量和产出努力水平分别为：

$$q^C = \frac{mc_2}{2bc_1h^2 + 2bc_2 + c_1c_2} \tag{5.13}$$

$$\mu^C = \frac{mhc_1}{2bc_1h^2 + 2bc_2 + c_1c_2} \tag{5.14}$$

证明：供应链集中决策时，基于土地流转的订单农业模式下，供应链函数关于种植量和努力水平的二次导数分别为$\partial^2\pi_Z^C/\partial q^2 = -2b - c_1 < 0$和$\partial^2\pi_Z^C/\partial\mu^2 = -2bh^2 - c_2 < 0$，所以供应链利润$\pi_Z^C$是关于种植量q和努力水平μ的凹函数。根据二者的一阶导数可得到均衡种植量q^C和产出努力水平μ^C。

将上述均衡解代入产量函数及公式（5.12）可得到供应链集中决策下均衡产量及供应链整体均衡利润，得出推论5.2。

推论5.2 集中决策模式下，农产品总产量和订单农业供应链整体利润分别为：

$$Q^C = \frac{m(c_1h^2 + c_2)}{2bc_1h^2 + 2bc_2 + c_1c_2} \tag{5.15}$$

$$\pi_Z^C = \frac{m^2(c_1h^2 + c_2)}{2(2bc_1h^2 + 2bc_2 + c_1c_2)} \tag{5.16}$$

（2）分散决策

在土地流转模式下，种植前农户以固定价格K_1将土地流转给公司，同时，公司雇用农户进行种植，并按照农户产出努力水平支付农户工资 $n\mu$，其中n为单位努力工资。在这种模式下，公司具有种植决策权，其决策种植量q，而农户可以决策自身产出努力水平 μ。公司与农户的决策过程符合如下一个两阶段的Stackelberg博弈。第一阶段，公司和农户在生产季节初确定土地流转价格 K_1 和工资标准n。第二阶段，公司决策种植量q，农户决策自身产出努力水平 μ。公司与农户的决策函数如下：

$$\max_{q,n,K} \pi_E^D = pQ - C_1 - n\mu - K_1 \tag{5.17}$$

$$\max_{\mu} \pi_F^D = n\mu - C_2 + K_1 \tag{5.18}$$

为了确保得到的结果为子博弈Nash均衡，采用逆序归纳法求解各成员的决策问题，并得到如下命题：

首先讨论土地流转后在既定的工资水平下，公司和农户的生产投入决策博弈。根据Q，C_1，C_2，K，n，q和 μ 之间的关系，将公司和农户的目标函数简化为只关于n，q和 μ 的决策问题，如下所示：

$$\max_{q,n,K} \pi_E^D = (m - b(q + h\mu))(q + h\mu) - \frac{c_1 q^2}{2} - n\mu - K_1 \tag{5.19}$$

$$\max_{\mu} \pi_F^D = n\mu - \frac{c_2 \mu^2}{2} + K_1 \tag{5.20}$$

命题5.3 供应链分散决策时，基于土地流转的订单农业模式下，公司雇用农户进行生产，此时发放的工资水平、公司和农户均衡种植量、产出努力水平分别为：

$$n^D = \frac{hmc_1c_2}{2bc_1h^2 + 4bc_2 + 2c_1c_2} \tag{5.21}$$

$$q^D = \frac{mc_2}{bc_1h^2 + 2bc_2 + c_1c_2} \tag{5.22}$$

$$\mu^D = \frac{c_1hm}{2bc_1h^2 + 4bc_2 + 2c_1c_2} \tag{5.23}$$

证明：供应链分散决策时，基于土地流转的订单农业模式下，当公司向农户支付的工资水平n一定时，农户和公司同时决策努力产出水平和种植量。农户收益函数关于努力水平的二次导数为 $\partial^2\pi_F^D/\partial\mu^2 = -c_2 < 0$，公司收益函数关于种植量的二次导数为 $\partial^2\pi_E^D/\partial q^2 = -2b - c_1 < 0$。因

此农户利润π_F^D是产出努力水平μ的凹函数，公司利润π_E^D是种植量q的凹函数，分别由一次导数$\partial\pi_F^D/\partial\mu$和$\partial\pi_E^D/\partial q$得到均衡种植量和产出努力水平关于工资水平的反应函数$q^D=\frac{mc_2-2bhn}{c_2(2b+c_1)}$和$\mu^D=\frac{n}{c_2}$。将上述反应函数代入公司的收益函数，重写公司的决策函数如下：

$$\max_n \pi_E^D=\frac{m^2c_2{}^2+2c_1c_2hmn-4bc_2n^2-2c_1c_2n^2-2bc_1h^2n^2}{2c_2{}^2(2b+c_1)} \tag{5.24}$$

其关于工资水平的二次函数$\partial^2\pi_E^D/\partial n^2=-(2(bc_1h^2+2bc_2+c_1c_2))/(c_2{}^2(2b+c_1))<0$，因此$\pi_E^D(n)$是关于工资水平n的凹函数，由一次导数$\partial\pi_E^D(n)/\partial n$可得最优工资水平$n^D$，将其代入$q^D=\frac{mc_2-2bhn}{c_2(2b+c_1)}$和$\mu^D=\frac{n}{c_2}$，可得均衡种植量$q^D$和产出努力水平$\mu^D$。

将上述均衡解代入产量函数及公式（5.19）和（5.20）可得到供应链分散决策下均衡产量及公司和农户均衡利润，得出推论5.3。

推论5.3 分散决策模式下，农产品总产量以及公司和农户利润分别为：

$$Q^D=\frac{m(c_1h^2+2c_2)}{2(bc_1h^2+2bc_2+c_1c_2)} \tag{5.25}$$

$$\pi_E^D=\frac{m^2(c_1h^2+2c_2)}{4(bc_1h^2+2bc_2+c_1c_2)}-K_1 \tag{5.26}$$

$$\pi_F^D=\frac{c_1^2c_2h^2m^2}{8(bc_1h^2+2bc_2+c_1c_2)^2}+K_1 \tag{5.27}$$

推论5.4 供应链分散决策下，当$(2bc_2^2+c_1c_2^2-b^2c_2h^2-c_1b^2h^4)>0$时，公司和农户通过谈判可以找到合适的土地流转价格$K_1\in[K_{11},\ K_{12}]$，使农产品公司和农户均乐于接受基于土地流转的订单农业模式；当$(2bc_2^2+c_1c_2^2-b^2c_2h^2-c_1b^2h^4)<0$时，农产品公司与农户不会形成基于土地流转的订单农业合作。其中K_{11}和K_{12}表示如下：

$$K_{11}=\frac{c_1c_2^2m^2(3b^2c_1^2h^4+7b^2c_1c_2h^2+4b^2c_2^2+4bc_1^2c_2h^2+4bc_1c_2^2+c_1^2c_2^2)}{8(bc_1h^2+bc_2+c_1c_2)^2(bc_1h^2+2bc_2+c_1c_2)^2} \tag{5.28}$$

$$K_{12} = \frac{c_1 c_2^2 m^2}{4(bc_1h^2 + bc_2 + c_1c_2)^2(bc_1h^2 + 2bc_2 + c_1c_2)} \tag{5.29}$$

证明：供应链分散决策时，若基于土地流转的订单农业供应链协作模式可使得供应链整体利润增加，即 $\pi^D - \pi^N > 0$，那么公司和农户总是可以找到可使双方利润均增加的土地流转价格，使得基于土地流转的订单农业供应链协作模式被双方接受。为了能使农产品公司和农户利润均增加，需满足 $\pi_E^D - \pi_E^N > 0$ 且 $\pi_F^D - \pi_F^N > 0$。由 $\begin{cases} \pi_E^D - \pi_E^N > 0 \\ \pi_F^D - \pi_F^N > 0 \\ \pi^D - \pi^N > 0 \end{cases}$ 可得推论5.4。

推论5.4表明，努力程度影响系数较低时，供应链分散决策下，公司与农户可以形成基于土地流转的订单农业供应链合作模式。且努力程度影响系数越小，公司与农户就土地流转价格的谈判空间越大，努力程度影响系数大到一定程度，分散模式下农户将不再接受与零食企业进行基于土地流转的订单农业合作。这说明，当农作物产量受农户努力程度影响较小时，农户通过劳作获得收入相对困难，此时农户更乐于接受一定固定工资将土地流转。

（3）供应链协调

接下来讨论农产品公司是否可以通过调整农户的工资水平和土地流转价格，促进基于土地流转的订单农业供应链达到完美协调。

命题5.4 公司总是可以通过设置工资水平 n^C 与土地流转价格 K_2，使农业供应链达到完美协调。n^C 表达式如下：

$$n^C = \frac{c_1 c_2 hm}{2bc_1h^2 + 2bc_2 + c_1c_2} \tag{5.30}$$

证明：由公式（5.19）和（5.20）可知，当 n^C 满足 $q^C = \frac{mc_2 - 2bhn^C}{c_2(2b + c_1)}$ 且 $\mu^C = \frac{n^C}{c_2}$ 时，基于土地流转的订单农业供应链可实现完美协调，由此可得 n^C。

推论5.5 公司和农户通过谈判可以找到合适的土地流转价格 $K_2 \in [K_{21}, K_{22}]$ 且 $K_2 < K_1$，使农产品公司和农户均乐于接受基于土地流

转的订单农业供应链协调模式。其中K_{21}和K_{22}表达式如下：

$$K_{21}=\frac{c_1c_2^2m^2(4b^2c_1^2h^4+8b^2c_1c_2h^2+4b^2c_2^2-4bc_1^3h^4+4bc_1c_2^2-3c_1^3c_2h^2+c_1^2c_2^2)}{8(2bc_1h^2+2bc_2+c_1c_2)^2(bc_1h^2+bc_2+c_1c_2)^2} \tag{5.31}$$

$$K_{22}=\frac{c_1c_2^2m^2(2bc_1h^2+2bc_2+c_1c_2-c_1^2h^2)}{4(2bc_1h^2+2bc_2+c_1c_2)^2(bc_1h^2+bc_2+c_1c_2)} \tag{5.32}$$

证明：为了使公司和农户都接受这种协调方式，需满足$\begin{cases}\pi_E^C>\pi_E^D\\ \pi_E^C>\pi_E^N\end{cases}$且$\begin{cases}\pi_F^C>\pi_F^D\\ \pi_F^C>\pi_F^N\end{cases}$，综上可得推论5.5。

推论5.5说明，相对供应链分散决策下的订单农业合作模式，此时公司会提高工资水平，降低土地流转价格。同时，研究发现，土地流转价格有可能为负值，也就是说当公司提供较高的工资水平进行供应链协调时，农户有可能无偿提供土地或者交纳一定的土地入股费用。

将命题5.4中n^C与土地流转价格K_2代入基于土地流转模式下的公司与农户收益函数，可得推论5.6。

推论5.6 基于土地流转的订单农业供应链达到协调时，农产品公司和农户获得的利润为π_E^C和π_F^C，表达式如下：

$$\pi_E^C=\frac{m^2(2bc_1^2h^4+2c_1c_2^2+4bc_1h^2+2bc_2^2)}{2(2bc_1h^2+2bc_2+c_1c_2)^2}-K_2 \tag{5.33}$$

$$\pi_F^C=\frac{c_1^2c_2h^2m^2}{2(2bc_1h^2+2bc_2+c_1c_2)^2}+K_2 \tag{5.34}$$

（4）公司与农户合作模式决策分析

这部分来讨论农户和公司在不同条件下的合作模式选择决策。

由推论5.1、推论5.2和推论5.3中不同订单农业模式下公司和农户的均衡利润函数，可得到推论5.7。

推论5.7 ①若参数满足$(2bc_2^2+c_1c_2^2-b^2c_2h^2-c_1b^2h^4)>0$，可得农户和公司在不同合作模式间的选择决策，以及整个供应链的占优合作模式如下：

农户的模式选择决策：

（i）$K_1\in(-\infty,K_{11})$且$K_2\in(K_{21},\infty)$，$\pi_F^C>\pi_F^N>\pi_F^D$；

(ii) $K_1 \in (-\infty, K_{11})$且$K_2 \in (K_1 - B_2, K_{21})$，$\pi_F^N > \pi_F^C > \pi_F^D$；

(iii) $K_1 \in (-\infty, K_{11})$且$K_2 \in (-\infty, K_1 - B_2)$，$\pi_F^N > \pi_F^D > \pi_F^C$；

(iv) $K_1 \in (K_{11}, \infty)$且$K_2 \in (K_{21}, \infty)$，$\pi_F^D > \pi_F^N > \pi_F^C$；

(v) $K_1 \in (K_{11}, \infty)$且$K_2 \in (K_{21}, K_1 - B_2)$，$\pi_F^D > \pi_F^C > \pi_F^N$；

(vi) $K_1 \in (K_{11}, \infty)$且$K_2 \in (K_1 - B_2, \infty)$，$\pi_F^C > \pi_F^D > \pi_F^N$。

公司的模式选择决策：

(i) $K_1 \in (-\infty, K_{12})$且$K_2 \in (K_{22}, \infty)$，$\pi_E^D > \pi_E^N > \pi_E^C$；

(ii) $K_1 \in (-\infty, K_{12})$且$K_2 \in (K_1 - B_1, K_{22})$，$\pi_E^D > \pi_E^C > \pi_E^N$；

(iii) $K_1 \in (-\infty, K_{12})$且$K_2 \in (-\infty, K_1 - B_2)$，$\pi_E^C > \pi_E^D > \pi_E^N$；

(iv) $K_1 \in (K_{12}, \infty)$且$K_2 \in (-\infty, K_{22})$，$\pi_E^C > \pi_E^N > \pi_E^D$；

(v) $K_1 \in (K_{12}, \infty)$且$K_2 \in (K_{22}, K_1 - B_1)$，$\pi_E^N > \pi_E^C > \pi_E^D$；

(vi) $K_1 \in (K_{12}, \infty)$且$K_2 \in (K_1 - B_1, \infty)$，$\pi_E^N > \pi_E^D > \pi_E^C$。

供应链占优合作模式：

(i) $K_2 \in (K_{12}, K_{22})$ 且 $K_1 \in (-\infty, K_{11}) \cup (K_{12}, \infty)$，或 $K_2 \in (K_1 - B_2, K_1 - B_1)$且$K_1 \in (K_{11}, K_{12})$时，供应链占优合作模式为C模式；

(ii) $K_2 \in (-\infty, K_{12}) \cup (K_{22}, \infty)$且$K_1 \in (-\infty, K_{11}) \cup (K_{12}, \infty)$时，供应链占优合作模式为N模式；

(iii) $K_2 \in (-\infty, K_1 - B_2) \cup (K_1 - B_1, \infty)$ 且 $K_1 \in (K_{11}, K_{12})$时，供应链占优合作模式为D模式。

②若$(2bc_2^2 + c_1c_2^2 - b^2c_2h^2 - c_1b^2h^4) < 0$，可得农户和公司在不同合作模式间的选择决策，以及整个供应链的占优合作模式如下：

农户的模式选择决策：

(i) $K_2 \in (K_{21}, \infty) \cap (-\infty, K_1 - B_2)$，$\pi_F^C > \pi_F^D > \pi_F^N$；

(ii) $K_2 \in (K_1 - B_2, \infty) \cap (-\infty, K_{21})$，$\pi_F^N > \pi_F^C > \pi_F^D$；

(iii) $K_2 \in (K_{21}, \infty) \cap (K_1 - B_2, \infty)$，$\pi_F^C > \pi_F^N > \pi_F^D$；

(iv) $K_2 \in (-\infty, K_{21}) \cap (-\infty, K_1 - B_2)$，$\pi_F^N > \pi_F^D > \pi_F^C$。

公司的模式选择决策：

(i) $K_2 \in (K_1 - B_1, \infty) \cap (-\infty, K_{22})$，$\pi_E^C > \pi_E^D > \pi_E^N$；

(ii) $K_2 \in (K_{22}, \infty) \cap (-\infty, K_1 - B_1)$，$\pi_E^N > \pi_E^C > \pi_E^D$；

(iii) $K_2 \in (K_{22}, \infty) \cap (K_1 - B_1, \infty)$, $\pi_E^N > \pi_E^D > \pi_E^C$;

(iv) $K_2 \in (-\infty, K_{22}) \cap (-\infty, K_1 - B_1)$, $\pi_E^C > \pi_E^N > \pi_E^D$。

供应链占优合作模式：

(i) $K_2 \in (K_{12}, K_{22})$时，供应链占优合作模式为C模式；

(ii) $K_2 \in (-\infty, K_{12}) \cup (K_{22}, \infty)$时，供应链占优合作模式为N模式。

其中：

$$B_1 = \frac{m^2h^2c_1^2c_2^2(2b + c_1)}{4(bc_1h^2 + 2bc_2 + c_1c_2)(2bc_1h^2 + 2bc_2 + c_1c_2)^2}$$

$$B_2 = \frac{m^2h^2c_1^2c_2^2(2b + c_1)(4bc_1h^2 + 6bc_2 + 3c_1c_2)}{8(bc_1h^2 + 2bc_2 + c_1c_2)^2(2bc_1h^2 + 2bc_2 + c_1c_2)^2}$$

为了表示得更加清晰，用图形进行描述。当$(2bc_2^2 + c_1c_2^2 - b^2c_2h^2 - c_1b^2h^4) > 0$时，农户与公司的收益变化，以及供应链占优模式如图5-1至图5-3所示（以参数：$m = 5 \times 10$，$c_1 = 4$，$c_2 = 8$，$b = 0.8$，$h = 0.5$为例，其余符合条件的参数不改变图形特征）。

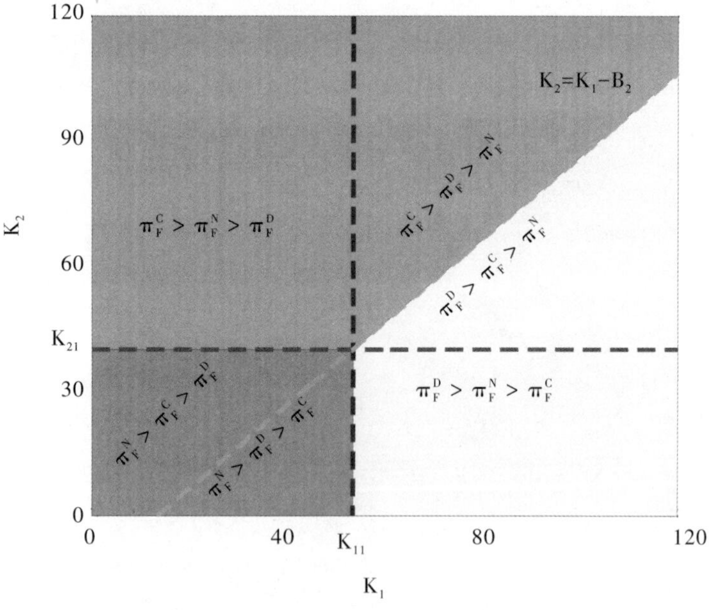

图5-1 农户模式选择决策图（情况1）

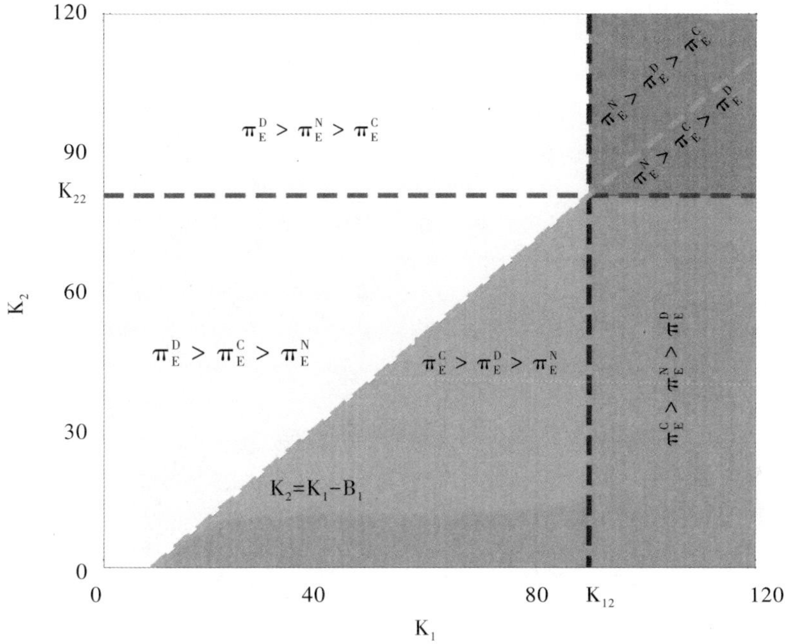

图5-2 公司模式选择决策图（情况1）

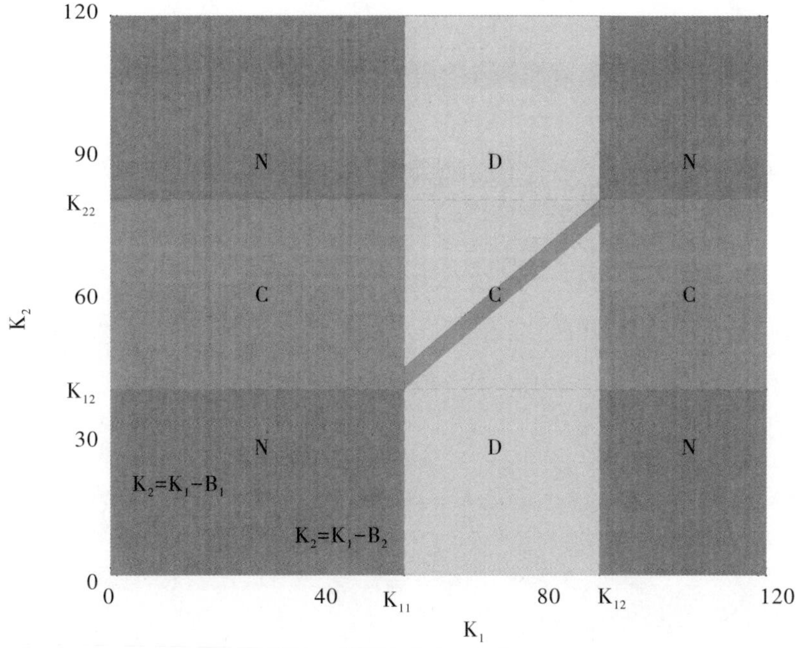

图5-3 订单农业供应链合作模式选择决策图（情况1）

当$(2bc_2^2 + c_1c_2^2 - b^2c_2h^2 - c_1b^2h^4) < 0$时，农户与公司的收益变化，以及供应链占优模式如图5-4至图5-6所示（以参数：$m = 5 \times 10$，$c_1 = 2$，$c_2 = 8$，$b = 0.8$，$h = 3.5$为例，其余符合条件的参数不改变图形特征）。

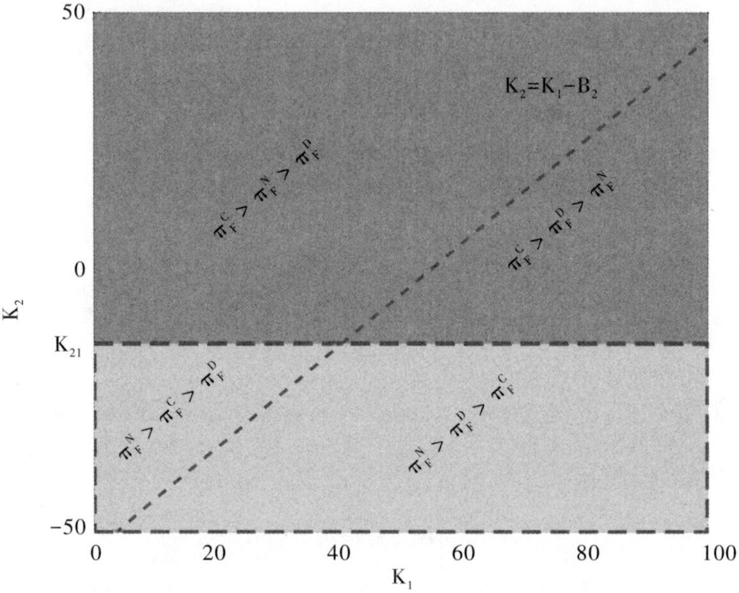

图5-4 农户模式选择决策图（情况2）

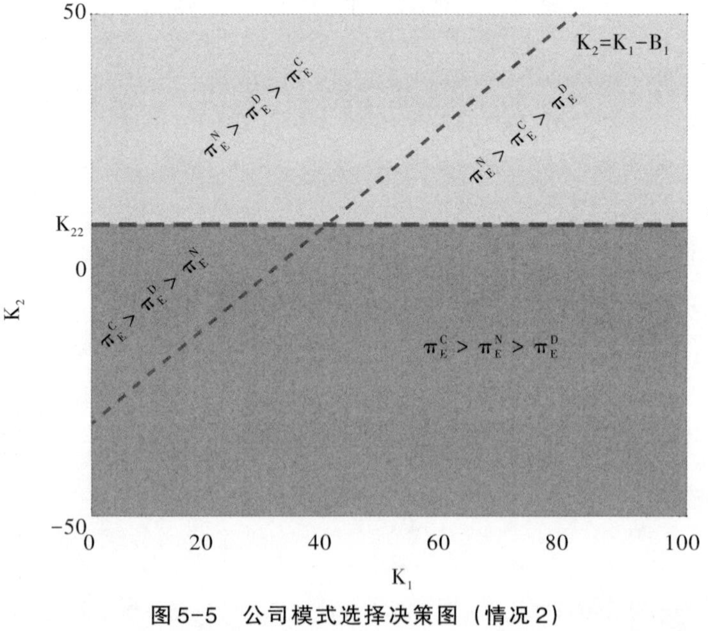

图5-5 公司模式选择决策图（情况2）

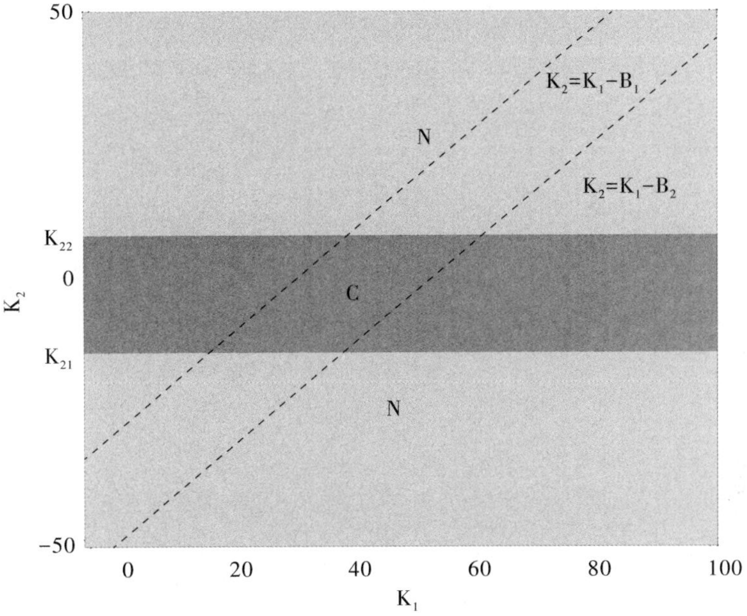

图5-6 订单农业供应链合作模式选择决策图（情况2）

图5-1至图5-6描述了农户与公司在不同土地流转价格条件下的契约模式选择。可以发现，农户与公司的选择策略不仅取决于土地流转价格，还与农产品价格弹性系数与产出努力系数有关。只有当价格弹性系数和努力产出系数在一定范围内，供应链分散决策下，农户和公司才会选择基于土地流转的订单农业合作模式。然而，农户与公司总是可以通过设置一定的土地流转价格，促使基于土地流转的订单农业供应链实现完美协调。

5.4 订单农业供应链土地流转策略对比分析

5.4.1 生产经营决策分析

下面将对比分析三种不同订单农业合作模式下公司和农户生产经营决策变化。

命题5.5 $n^C > n^D$

证明： 由 $n^C - n^D = \dfrac{c_1c_2^2hm(2b+c_1)}{2(2bc_1h^2+2bc_2+c_1c_2)(bc_1h^2+2bc_2+c_1c_2)} > 0$，可得 $n^C > n^D$。

命题5.5说明当农户与公司处于基于土地流转的订单农业合作模式下，为了达到供应链完美协调，公司需要提高雇用农户的工资水平。由推论5.5可知，为了达到供应链协调，需要降低土地流转价格，因此为了使农户接受供应链协调契约，需要提高雇用农户的工资水平来增加农户收入，形成供应链成员“共赢”。

命题5.6 $\mu^D < \mu^N < \mu^C$

证明： 由 $\mu^D - \mu^N = -\dfrac{bc_1c_2hm}{2(bc_1h^2+2bc_2+c_1c_2)(bc_1h^2+bc_2+c_1c_2)} < 0$，$\mu^C - \mu^N = \dfrac{c_1^2c_2hm}{2(2bc_1h^2+2bc_2+c_1c_2)(bc_1h^2+bc_2+c_1c_2)} < 0$，可得 $\mu^D < \mu^N < \mu^C$。

命题5.6说明当公司与农户基于土地流转的订单农业合作时，分散决策下农户努力程度不及一般订单农业合作模式下农户的努力程度，而集中决策下农户努力程度将超过一般订单合作模式下农户的努力程度，这是因为一般订单农业合作模式下，农户不仅决定自身的种植努力程度还决策种植量。但分散决策下，公司决定种植量，而农户只决定自身的努力程度，农户与公司之间出现“双重边际”效应，工资水平一定时，农户不愿意再投入更多努力进行种植；集中决策模式下，农户努力水平达到最大，这是因为公司提高了农户的工资水平，激励了农户进行生产努力投入。

命题5.7 $q^D > q^C > q^N$，$Q^C > Q^D > Q^N$

证明： 由 $q^D - q^N = \dfrac{c_1c_2m(bh^2+c_2)}{2(bc_1h^2+2bc_2+c_1c_2)(bc_1h^2+bc_2+c_1c_2)} > 0$，$q^C - q^D = -\dfrac{c_1c_2bh^2m}{(2bc_1h^2+2bc_2+c_1c_2)(bc_1h^2+2bc_2+c_1c_2)} < 0$，$q^C - q^N = \dfrac{c_1c_2^2m}{2(2bc_1h^2+2bc_2+c_1c_2)(bc_1h^2+bc_2+c_1c_2)} > 0$，$Q^D - Q^N =$

$\frac{c_1c_2^2m}{2(bc_1h^2+2bc_2+c_1c_2)(bc_1h^2+bc_2+c_1c_2)}>0$， $Q^C-Q^D=\frac{c_1^2c_2h^2m}{2(2bc_1h^2+2bc_2+c_1c_2)(bc_1h^2+2bc_2+c_1c_2)}>0$，综上可得命题5.7。

命题5.7说明当公司与农户基于土地流转的订单农业合作时，种植量会增加，且分散决策下的种植量大于集中决策时的种植量。产出量方面，当公司与农户基于土地流转进行订单农业合作时，会增加农作物产出量，且集中决策下的产出量大于分散决策时的产出量。这是因为，当公司与农户基于土地流转的订单农业合作时，种植量由公司决定，公司将获得种子生产要素投入的全部利润，因此会增加种植量。而分散决策时，由于农户生产努力程度不及集中决策时的努力程度，为了获得期望产出，此时公司会较集中决策时投入更多的种植量。而产量方面，因公司与农户基于土地流转的订单农业合作时会增加种植量，因此这种合作模式下的农作物产出量大于一般订单合作模式下的产出量。然而，虽然分散决策下的种植量更大，但集中决策可以促使农户更加努力，因此集中决策下的农作物产出量将超过分散决策下农作物的产出量。

命题5.8 当$(2bc_2^2+c_1c_2^2-b^2c_2h^2-c_1b^2h^4)>0$时，$\pi^C>\pi^D>\pi^N$；当$(2bc_2^2+c_1c_2^2-b^2c_2h^2-c_1b^2h^4)<0$时，$\pi^C>\pi^N>\pi^D$。

证明：由$\pi^D-\pi^N=\frac{c_1^2c_2^2m^2(2bc_2^2+c_1c_2^2-b^2c_2h^2-b^2c_1h^4)}{8(bc_1h^2+2bc_2+c_1c_2)^2(bc_1h^2+bc_2+c_1c_2)^2}>0$，

$\pi^C-\pi^D=\frac{c_1^2c_2^2h^2m^2(c_1+2b)}{8(2bc_1h^2+2bc_2+c_1c_2)(bc_1h^2+bc_2+c_1c_2)^2}>0$，可得命题5.8。

命题5.8说明分散决策下公司可以通过设计基于土地流转的订单农业契约，促使农户接受基于土地流转的订单农业供应链模式进行合作。然而，公司总是可以找到有效的工资水平和流转价格，促使基于土地流转的订单农业供应链达到完美协调，使得公司和农户形成“双赢”。

5.4.2 消费者剩余与社会福利对比分析

参考相关文献（Oersdemir等，2014；Liu等，2019），定义消费者剩余CS和社会福利SW为：

$$CS = \int_{p_{min}}^{p_{max}} Q dp = \int_{m-bQ}^{m} \frac{m-p}{b} dp = \frac{Q^2}{2b} \tag{5.35}$$

$$SW = \pi_E + \pi_F + CS \tag{5.36}$$

根据上文得到的结果，可以得到三种模式下的消费者剩余和社会福利的具体表达式：

$$CS^N = \frac{m^2(c_1h^2 + c_2)^2}{8b(bc_1h^2 + bc_2 + c_1c_2)^2} \tag{5.37}$$

$$SW^N = \frac{m^2(c_1h^2 + c_2)(2b^2c_1h^2 + 2c_2b^2 + 3c_1c_2b + c_1h^2 + c_2)}{8b(bc_1h^2 + bc_2 + c_1c_2)^2} \tag{5.38}$$

$$CS^C = \frac{m^2(c_1h^2 + c_2)^2}{2b(2bc_1h^2 + 2bc_2 + c_1c_2)^2} \tag{5.39}$$

$$SW^C = \frac{m^2(c_1h^2 + c_2)(2b^2c_1h^2 + 2c_2b^2 + c_1c_2b + c_1h^2 + c_2)}{2b(2bc_1h^2 + 2bc_2 + c_1c_2)^2} \tag{5.40}$$

$$CS^D = \frac{m^2(c_1h^2 + 2c_2)^2}{8b(bc_1h^2 + 2bc_2 + c_1c_2)^2} \tag{5.41}$$

$$SW^D = \frac{m^2(2b^2c_1^2h^4 + 8bc_1c_2h^2 + 8c_2^2b^2 + 3c_1^2c_2bh^2 + 4b_1c_1c_2^2 + c_1^2h^4 + 4c_1c_2h^2 + 4c_2^2)}{8b(bc_1h^2 + 2bc_2 + c_1c_2)^2} \tag{5.42}$$

命题5.9 ①$CS^C > CS^D > CS^N$。②当$M > 0$时，$SW^C > SW^D > SW^N$；当$M < 0$时，$SW^C > SW^N > SW^D$。

其中：$M = (2bc_1^2 - b^3c_1^2)h^4 + (6bc_1c_2 + 2c_1^2c_2 - b^3c_1c_2)h^2 + 2b^2c_1c_2^2 + bc_1^2c_2^2 + 3c_1c_2^2 + 4bc_2^2$

证明：由$CS^D - CS^N = \frac{c_1c_2^2m^2(2c_1^2c_2h^2 + 2bc_1^2h^4 + 3c_1c_2^2 + 6bc_1c_2h^2 + 4c_2^2b)}{8b(bc_1h^2 + 2bc_2 + c_1c_2)^2(bc_1h^2 + bc_2 + c_1c_2)^2} > 0$，

$SW^D - SW^N = \frac{c_1c_2^2m^2M}{8b(bc_1h^2 + 2bc_2 + c_1c_2)^2(bc_1h^2 + bc_2 + c_1c_2)^2} > 0$，　$CS^C -$

$CS^D = \frac{c_1c_2^2h^2m^2(4bc_1^2h^4 + 3c_1c_2^2h^2 + 4c_1c_2^2 + 12bc_1c_2h^2 + 8c_2^2b)}{8b(2bc_1h^2 + 2bc_2 + c_1c_2)^2(bc_1h^2 + 2bc_2 + c_1c_2)^2} > 0$，　$SW^C -$

$$SW^{D}=\frac{c_1^2c_2h^2m^2\begin{pmatrix}4b^3c_1c_2h^2+4b^3c_2^2+2b^2c_1^2c_2h^2+4b^2c_1c_2^2+bc_1^2c_2^2+\\4bc_1^2h^4+12bc_1c_2h^2+8c_2^2b+3c_1^2c_2h^2+4c_1c_2^2\end{pmatrix}}{8b(2bc_1h^2+2bc_2+c_1c_2)^2(bc_1h^2+2bc_2+c_1c_2)^2}>0,$$ $SW^{C}-$

$$SW^{N}=\frac{c_1c_2m^2(c_1h^2+c_2)\begin{pmatrix}2b^2c_1^2c_2h^2+2b^2c_1c_2^2+bc_1^2c_2^2+4bc_1^2h^4+\\8bc_1c_2h^2+4c_2^2b+3c_1^2c_2h^2+3c_1c_2^2\end{pmatrix}}{8b(2bc_1h^2+bc_2+c_1c_2)^2(2bc_1h^2+2bc_2+c_1c_2)^2}>0,$$ 综上可得命题5.9。

命题5.9说明基于土地流转的订单农业合作模式总是可以提高消费者剩余，而社会福利的大小还与农作物本身特性和种植成本特性有关，当基于土地流转的订单农业供应链达到协调状态时，消费者剩余和社会福利都会进一步提高，且总是使消费者剩余和社会福利达到最优。

5.5 数值算例分析

下面采用数值算例对上述各种契约模式下的供应链整体利润、消费者剩余和社会福利的对比分析进行验证，其他结果已在前文中做了详细的分析，故在此不再做过多的讨论。相关参数设置如下：$m=50$，$c_1=4$，$c_2=8$，$b\in(0,5)$，$h\in(0,5)$。为了显示更加清晰，增加了将z坐标进行倒置的图形显示。

图5-7描述了供应链整体利润在不同契约模式下，随着价格弹性系数和努力产出系数的变化。可以发现，三种契约模式下，供应链整体利润随着价格弹性系数的增大而降低，随着努力产出系数的增加而增大。分散决策下的土地流转契约只有当价格弹性系数和产出努力系数在一定范围才可以提高供应链整体利润，而集中决策下的土地流转契约总是可以提高供应链利润。这是因为分散决策下的土地流转契约只有在一定条件下才会使得农户和公司达到双赢，而基于土地流转的订单农业供应链达到协调时，也使供应链利润达到最优。这也表明，分散决策下，并不总是能够通过土地流转价格调节双方利润分配比例，以促使农户和公司选择基于土地流转的订单农业供应链合作模式。然而，采用本章设计的协调策略，一定会增加供应链的整体收益，这也说明，此时配合一定的

土地流转价格，一定会促使农户和供应链乐于接受土地流转契约，从而形成双赢。

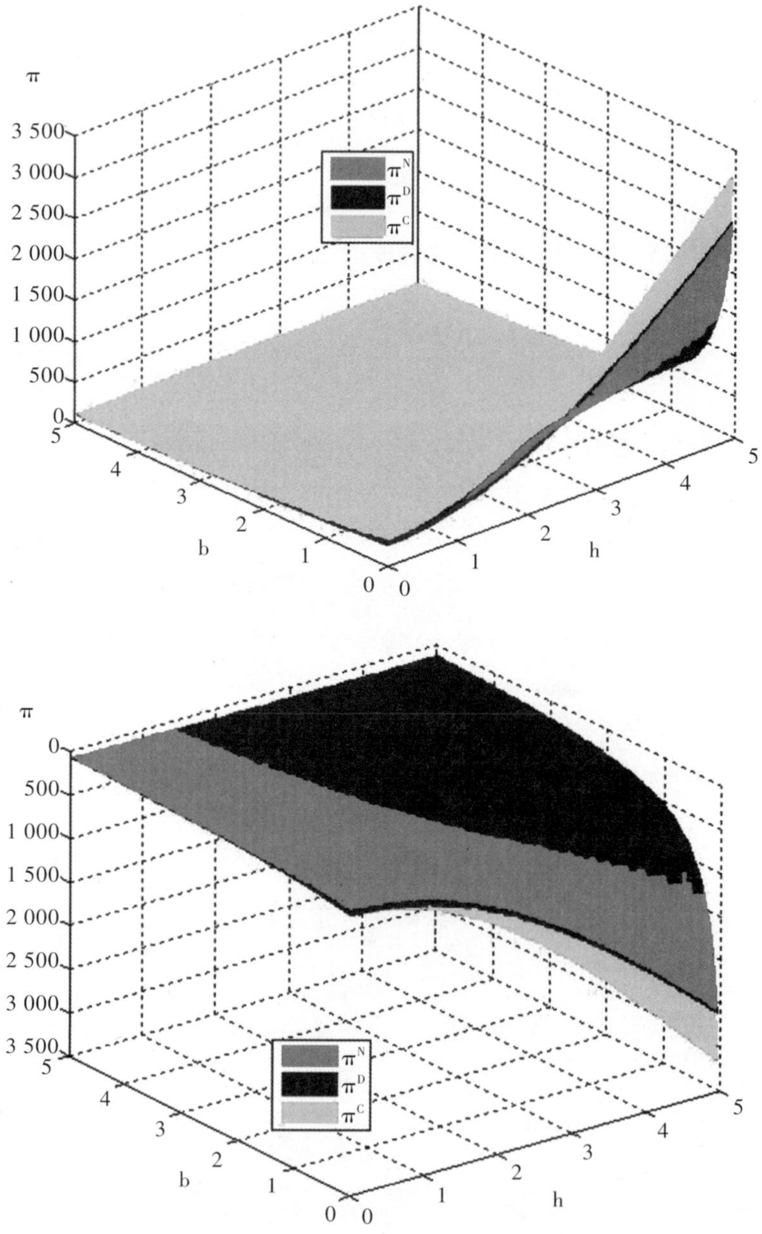

图 5-7　不同合作模式下供应链整体利润

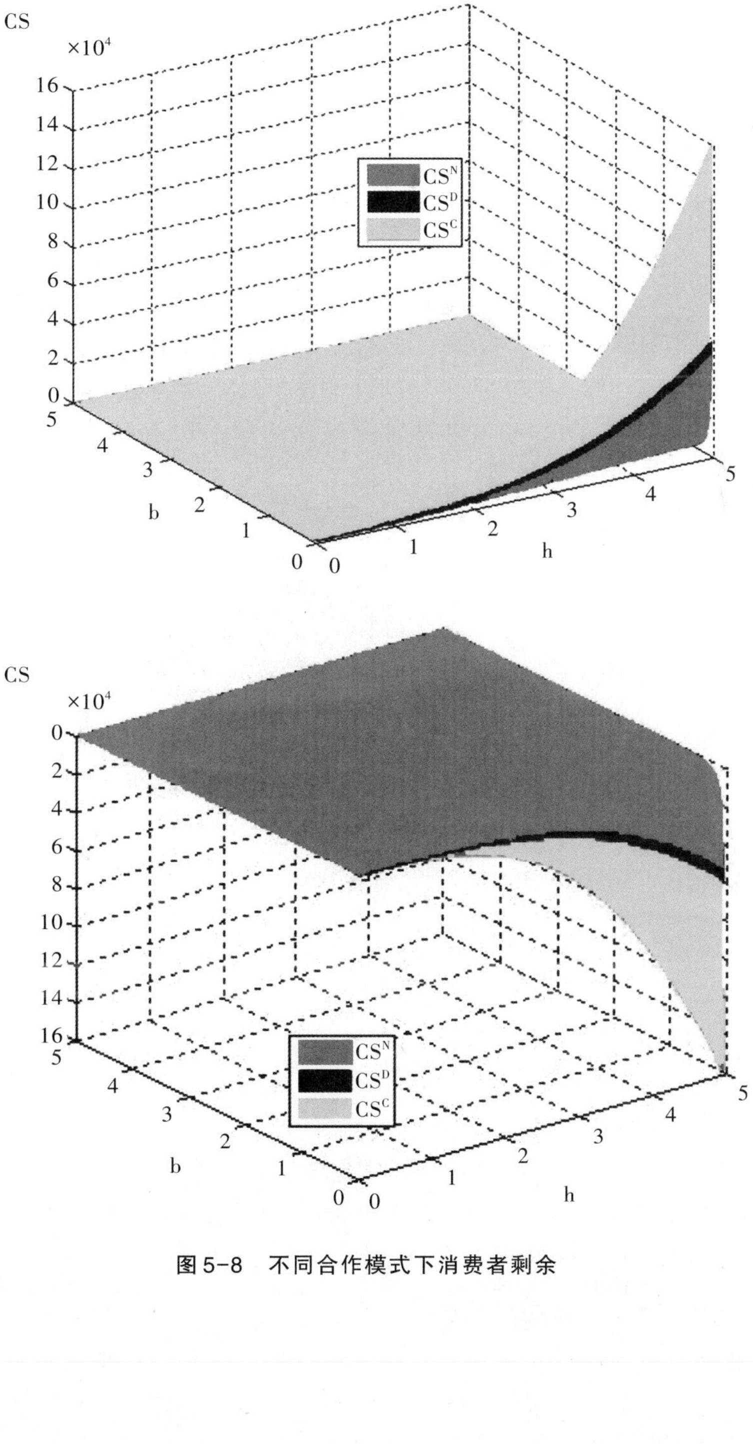

图5-8 不同合作模式下消费者剩余

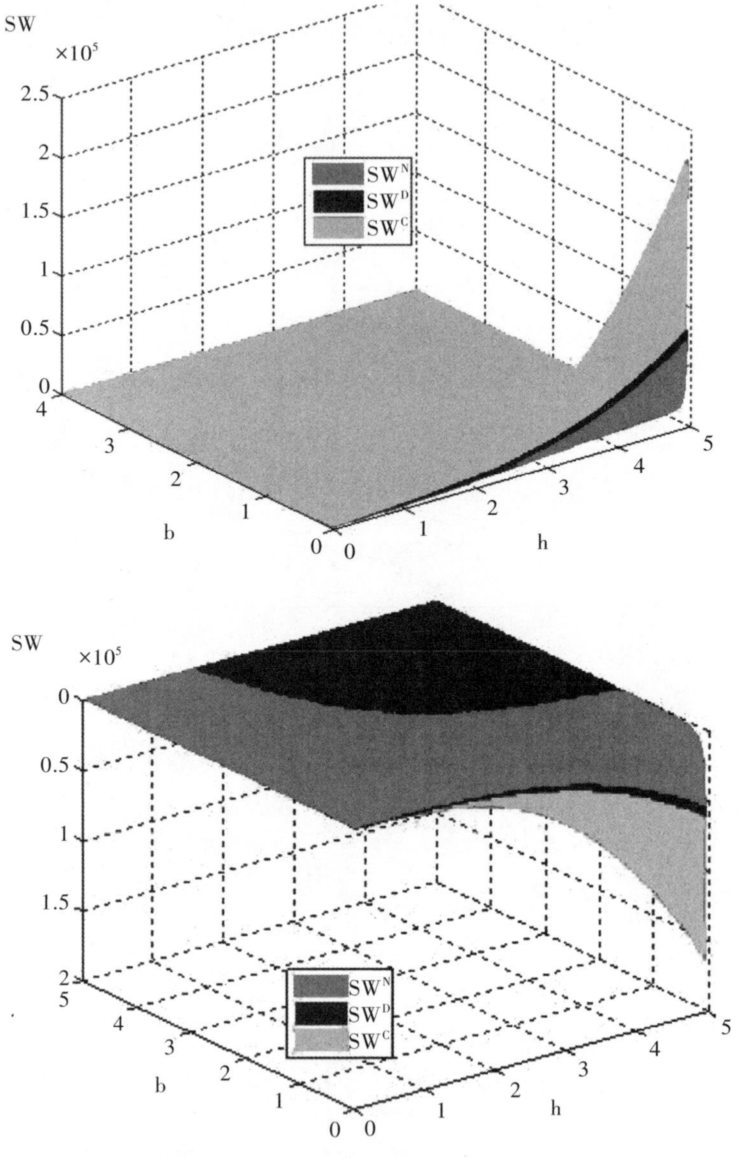

图5-9　不同合作模式下社会福利

图5-8和图5-9描述了消费者剩余和社会福利在不同契约模式下，随着价格弹性系数和努力产出系数的变化。可以发现，三种契约模式下，消费者剩余和社会福利均随着价格弹性系数的增大而降低，随着努力产出系数的增加而增大。消费者剩余方面，基于土地流转的订单农业

模式总是会提高消费者剩余，且供应链协调使消费者剩余进一步提高。社会福利方面，分散决策下的土地流转契约只有当价格弹性系数和产出努力系数在一定范围才可以提高社会福利，而集中决策下的土地流转契约总是可以提高社会福利。这是因为分散决策下的土地流转契约只有在一定条件下才会使得农户和公司达到双赢，而基于土地流转的订单农业供应链达到协调时，也会使社会福利达到最优。同时，从图形可以发现，价格弹性系数更小的农产品，如大米、玉米、大豆等，更应该采用基于土地流转的订单农业模式，因为这类商品采用土地流转契约后，农户和公司均会获得更大的利润。而这也是与我国当下的农业产业政策相一致的。

5.6　本章小结

研究基于土地流转的订单农业供应链合作模式是当下实业界迫切需要解决的问题。本章针对由一个农户和一个农产品公司组成的订单农业供应链，讨论农户将土地流转给公司，并以职业农民身份参与订单农业生产，这种基于土地流转的订单农业供应链合作模式对公司和农户生产经营决策和收益的影响。最后总结了不同订单农业供应链合作模式对消费者剩余和社会福利的影响。研究发现，一定条件下，农户乐意改变原来单纯的订单收购关系，以一定价格将土地流转给公司，并作为职业农民受雇于公司进行种植，且土地流转后，消费者福利总是增加。更为重要的是，本章发现公司通过将农户工资提高到一定水平和降低土地流转价格到一定范围可以使基于土地流转的订单农业供应链达到完美协调，农户与公司之间能够形成一个双赢的局面，且消费者剩余和社会福利也进一步提高。同时，研究发现，基于土地流转的订单农业供应链合作模式，总是可以增加农产品产量，且供应链达到协调时，农产品产量达到最大。而相对于一般订单农业合作模式，供应链分散决策时，基于土地流转的订单农业合作模式会降低农户的努力水平，而供应链集中决策时，基于土地流转的订单农业合作模式可以激发农户更加努力地耕作。基于土地流转的订单农业合作模式下的农户工资水平与土地流转价格不仅与农产品市场规模有关，还与价格弹性系数和产出努力系数有关。供应链分散决策下，土地流转价格总是正数，而价格弹性系数与努力产出系数一定范围内，农户不仅愿意无偿流转土地，甚至愿意向公司交纳一定的费用入股，以获得高工资收入达到供应链协调，形成供应链“双赢”。

基于上述研究结论，得到以下管理启示：一是应该推进基于土地流转的订单农业供应链合作模式，并通过设置合理的工资水平和土地流转价格促成供应链协调，从而促进农户和公司形成“双赢”，并增加消费者剩余和社会福利。二是可以规范基于土地流转的订单农业模式下农户工资标准，以防范公司利用供应链地位侵占农户权益。三是基于土地流转的订单农业供应链合作模式下，相关部门可以给予公司雇用农户一定的工资税收政策，激励公司提高雇用农户的工资水平，促进供应链协调。四是相关部门可以给予农户一定的土地流转补贴，以促进土地流转的推广。

第6章 订单农业供应链“土地流转+收入共享”合作策略

本章针对传统“公司+农户”型订单农业供应链，设计了一种基于土地流转的订单农业供应链合作模式和与之匹配的订单契约，并考虑了政府补贴在订单农业供应链运营中的作用。这种合作模式下，农户流转土地后，公司和农户按比例共享农产品收入。针对传统和土地流转两种供应链合作模式，以及是否具有政府补贴，分别建立了Stackelberg博弈模型。利用对比分析的方法，探讨政府补贴和这种合作模式给供应链成员经营决策和收益带来的影响，并分析了消费者剩余和社会福利的变化。在章节最后采用数值算例的形式对分析结果进行进一步验证并得到了更加深入的管理启示。

6.1 问题描述

在现代农业快速发展的背景下，农户与公司在生产运营过程中所面对的合作模式的选择将极大地影响到农产品产量、公司与农户的收益。目前“公司+农户”有两种主要的合作模式，一是传统订单农业供应链合作模式，其运作机制为：在农产品的生产季节来临之前，公司与农户签订订单合同，公司承诺在农户生产结束以一定的收购价格收购农户生产的全部农产品；生产季节开始后，农户依据与公司签订的收购价格合同来确定农产品的生产量；生产季节结束后，公司按照订单规定的收购价格收购农户生产的全部农产品，对其进行简单的加工、包装，并按照一定的销售价格销往下游市场。二是考虑土地流转的订单农业供应链合作模式，在这种模式中，在农产品的生产季节来临之前，公司雇用农户进行农产品的生产，公司根据市场需求决定种植规模，农户决定自身努力产出水平，在生产结束后，对农产品进行简单的加工、包装处理，将农产品投放到市场上进行销售，给予农户一定的收益分成。相应的时间决策流程如图6-1和图6-2所示。

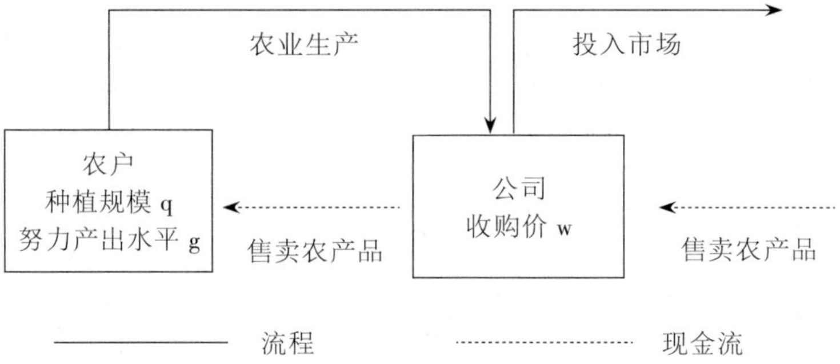

图6-1 传统订单农业供应链合作模式

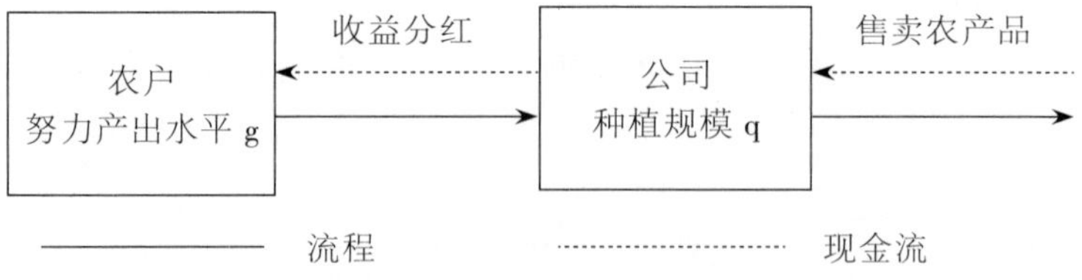

图6-2 考虑土地流转的订单农业供应链合作模式

农业补贴一直在保障粮食安全，调节农产品结构方面发挥重要作用。早在2004年，国家开始实施了良种补贴、种粮直接补贴和农资综合补贴等三项补贴政策，旨在促进粮食生产和农民增收。2016年将“三项补贴”整合为“农业支持保护补贴”。“三农”问题一直以来都受到我国政府的大力关注，农业良好发展更是未来的经济发展目标。政府农业补贴政策是党的一项重要的强农惠农富农政策，鉴于此，本章节中，将政府补贴作为外生参数，分别对“传统订单农业供应链合作模式”中的农户和“考虑土地流转的订单农业供应链合作模式”中的公司进行种植补贴，对比分析两种运营模式下政府补贴对农户、公司生产决策和利润的影响。

6.2 订单农业供应链土地流转策略模型构建和契约设计

本章针对由一个农户和一个公司组成的“公司+农户”型订单农业供应链，设计另一种基于土地流转的订单农业供应链协作模式和与之匹配的订单契约，探讨该模式下农户与公司的生产经营决策和收益较传统订单农业供应链协作模式下的变化。基于现实情况，考虑两类订单农业供应链协作模式：一般“公司+农户”订单农业供应链模式和“土地流转+收入共享”订单农业供应链模式。一般“公司+农户”订单农业供应链模式下，公司在生产种植前与农户以一定收购价格w签订农产品收购契约，农户在自有土地上根据收购价格决定种植量q和产出努力程度μ进行耕作。农产品收获后农户按照订单价格将农产品卖给公司，公司再继而在市场上以价格p售卖。“土地流转+收入共享”订单农业供应链模式下，公司为保证农户积极工作，农户按比例γ共享公司收益。同时，为了探讨如何通过设计契约促进基于土地流转的订单农业供应链达到协调，进而将这类供应链合作模式下的生产经营决策分为供应链集中决策和供应链分散决策两种情况。两种模式下，假设市场价格p是非负连续随机变量$p\in[p_1, p_2]$，$\bar{p}$是p的均值，$f(\cdot)$是p的概率密度函数，$F(\cdot)$是p的积累分布函数。生产过程中农户的生产成本与种植规模q和努力产出水平g有关，借鉴黄建辉等（2017）的研究，令农户生产成本函数为$C(q, g)=\frac{1}{2}c_1q^2+\frac{1}{2}c_2g^2$，$c_1$为种植成本系数，$c_2$为努力产出投入系数。土地流转订单农业模式下农产品产量易受到自然灾害、天气、设备等因素的影响，具有不确定性，参考彭红军等（2020）的研究，概率密度函数为$f(u)$，分布函数$F(u)$严格单调递增且可导，并令u的期望和方差分别为$E(u)=\mu_i$，$D(u)=\sigma_i^2(i=1,2)$。其中$i=1$代表一般“公司+农户”订单农业供应链合作模式，$i=2$代表“土地流转+收入共享”订单农业供应链合作模式。

为了探讨政府补贴对订单农业供应链运营的影响，本章还对比讨论了具有政府补贴和不具有政府补贴的情况。在具有政府补贴的情况下，政府给予农产品种植单位每单位种植面积λ的种植补贴。同时为了探讨如何通过设计契约促进基于土地流转的订单农业供应链达到协调，本章进而将供应链决策结构分为供应链集中决策和供应链分散决策两种情况。为了讨论方便，文中将分别采用上角标NN、ND和NC表示无政府补贴下的一般“公司+农户”订单农业模式、无政府补贴下的土地流转订单农业供应链分散决策模式和无政府补贴下的土地流转订单农业供应链集中决策模式。分别采用上角标BN、BLD和BLC表示有政府补贴下的一般“公司+农户”订单农业模式、有政府补贴下的土地流转订单农业供应链分散决策模式和有政府补贴下的土地流转订单农业供应链集中决策模式。

6.2.1 无政府补贴模型的构建和求解

在这一部分中，假设政府决定不向土地使用者提供面积补贴。在此基础上，讨论了供应链成员在传统订单农业运营模式和土地流转订单农业运营模式两种合作模式下的决策过程和决策结果。

(1) 一般“公司+农户”订单农业模式（NN模式）

传统订单农业模式下，公司为主导者，农户为跟随者，双方均追求自身利益最大化。其运作机制为：在农产品的生产季节来临之前，公司与农户签订订单合同，公司承诺在农户生产结束以一定的收购价格收购农户生产的全部农产品；生产季节开始后，农户依据与公司签订的收购价格合同来确定农产品的生产量；生产季节结束后，公司按照订单规定的收购价格收购农户生产的全部农产品，对其进行简单的加工、包装，并按照一定的销售价格销往下游市场。此模式下，公司和农户的期望利润分别为：

$$\pi_E^{NN} = (p - w)(q\mu_1 + \kappa g) \quad (6.1)$$

$$\pi_F^{NN} = w(q\mu_1 + \kappa g) - \frac{1}{2}c_1q^2 - \frac{1}{2}c_2g^2 \quad (6.2)$$

农户的利润包括两部分：一是出售给公司全部农产品获得的收入 $w(q\mu_1 + \kappa g)$，二是农户在生产农产品过程中投入的种植成本 $\frac{1}{2}c_1q^2 + \frac{1}{2}c_2g^2$。公司的利润函数包括两部分，分别是销售收入 $p(q\mu_1 + \kappa g)$ 和支付给农户的收购农产品的成本 $w(q\mu_1 + \kappa g)$。

定理6.1 在没有政府补贴的传统订单农业模式下，存在唯一的均衡解。均衡决策和结果如下：

$$q^{NN} = \frac{p\mu_1}{2c_1} \quad (6.3)$$

$$g^{NN} = \frac{\kappa p}{2c_2} \quad (6.4)$$

$$w^{NN} = \frac{p}{2} \quad (6.5)$$

$$\pi_E^{NN} = \frac{p^2(c_1\kappa^2 + c_2\mu_1^2)}{4c_1c_2} \quad (6.6)$$

$$\pi_F^{NN} = \frac{p^2(c_1\kappa^2 + c_2\mu_1^2)}{8c_1c_2} \quad (6.7)$$

证明： 采用逆向归纳法求解，首先计算式（6.2）关于g和q的偏导，可得：$\frac{\partial \pi_F^{NN}}{\partial g} = -c_2g + \kappa w$ 和 $\frac{\partial \pi_F^{NN}}{\partial q} = -c_1q + \mu_1 w$，继续计算可得到式（6.2）关于g和q的Hessian矩阵为：$H = \begin{pmatrix} \frac{\partial^2 \pi_F^{NN}}{\partial g^2} & \frac{\partial^2 \pi_F^{NN}}{\partial g \partial q} \\ \frac{\partial^2 \pi_F^{NN}}{\partial q \partial g} & \frac{\partial^2 \pi_F^{NN}}{\partial q^2} \end{pmatrix} = \begin{pmatrix} -c_2 & 0 \\ 0 & -c_1 \end{pmatrix}$，计算可知Hessian矩阵的特征值都小于零，说明该函数具有唯一的极大值。令 $\frac{\partial \pi_F^{NN}}{\partial g} = 0$ 和 $\frac{\partial \pi_F^{NN}}{\partial q} = 0$，得到反函数 $q^{NN} = \frac{pw}{c_1}$ 和

$g^{NN}=\frac{p\kappa}{2c_2}$，代入式（6.1），并计算 $\pi_E{}^{NN}$ 关于 w 的偏导为零，得到 $w^{NN}=\frac{p}{2}$。将上述结果代入公司和农户的收益函数，得式（6.6）和（6.7），证毕。

（2）土地流转订单农业模式下供应链分散决策模型（ND 模式）

为保障农户利益，转移产出不确定风险，引入土地流转订单农业模式，则相应的决策过程可描述为：首先，公司根据市场的需求预测确定农产品的销售价格；其次，在公司确定市场价格的基础上，确定农产品的最优的种植规模，雇用农户进行农产品种植；再次，农户决定自身努力产出水平；最后，在生产结束后，对农产品进行简单的加工、包装处理，将农产品投放到市场上进行销售，给予农户一定的销售收入分成 γ。在此模式下，农户、公司的期望利润函数为：

$$\pi_E{}^{ND}=(1-\gamma)p(q\mu_1+\kappa g)-\frac{1}{2}c_1q^2 \tag{6.8}$$

$$\pi_F{}^{ND}=\gamma p(q\mu_1+\kappa g)-\frac{1}{2}c_2g^2 \tag{6.9}$$

在土地流转订单农业模式中，供应链上双方的利润函数将会发生改变，对于农户来说，农户利润来自公司给予的销售收入分红 $\gamma p(q\mu_1+\kappa g)$ 和农户在生产过程中投入的努力产出成本 $\frac{1}{2}c_2g^2$。公司的利润函数包括三部分：一是销售收入 $p(q\mu_1+\kappa g)$，二是公司在生产农产品过程中投入的种植成本 $\frac{1}{2}c_1q^2$，三是公司给予农户的销售收入分红 $\gamma p(q\mu_1+\kappa g)$。

定理 6.2 在没有政府补贴的土地流转订单农业模式下，存在唯一的均衡解。均衡决策和结果如下：

$$q^{ND}=\frac{p\mu_2(1-\gamma)}{c_1} \tag{6.10}$$

$$g^{ND}=\frac{\kappa p\gamma}{c_2} \tag{6.11}$$

$$\pi_E{}^{ND}=\frac{p^2(1-\gamma)\left(2c_1\kappa^2\gamma+c_2\mu_2{}^2(1-\gamma)\right)}{2c_1c_2} \tag{6.12}$$

$$\pi_F^{ND}=\frac{p^2\gamma\left(c_1\kappa^2\gamma+2c_2\mu_2{}^2(1-\gamma)\right)}{2c_1c_2} \tag{6.13}$$

证明：采用逆向归纳法求解，首先计算式（6.13）关于g的偏导，可得：$\frac{\partial^2\pi_F{}^{ND}}{\partial g^2}=-c_2<0$，故$\pi_F{}^{ND}$为g的严格凹函数，令$\frac{\partial\pi_F{}^{ND}}{\partial g}=0$，得到$g^{ND}=\frac{\kappa p\gamma}{c_2}$。

将式（6.11）代入式（6.12），求式（6.12）关于q的一阶和二阶偏导数，可得$\frac{\partial^2\pi_E{}^{ND}}{\partial q^2}=-c_1<0$，故$\pi_E{}^{ND}$为q的严格凹函数，所以公司存在最优种植规模，令$\frac{\partial\pi_E{}^{ND}}{\partial q}=0$，得到$q^{ND}=\frac{p\mu_2(1-\gamma)}{c_1}$，将上述结果带入公司和农户的收益函数得到均衡利润，证毕。

（3）土地流转订单农业模式下供应链集中决策模型（NC模式）

这种模式下，集中型供应链的期望收益函数如下：

$$\pi^{NC}=p(q\mu_1+\kappa g)-\frac{1}{2}c_1q^2-\frac{1}{2}c_2g^2 \tag{6.14}$$

定理6.3 在无政府补贴的情况下，集中决策时土地流转订单农业模式下最佳的种植规模、努力产出水平以及最优系统利润分别为：

$$q^{NC}=\frac{p\mu_2}{c_1} \tag{6.15}$$

$$g^{NC}=\frac{\kappa p}{c_2} \tag{6.16}$$

$$\pi^{NC}=\frac{p^2(c_1\kappa^2+c_2\mu_2{}^2)}{2c_1c_2} \tag{6.17}$$

推论6.1 在公司主导下的土地流转订单农业模式中，①分散决策下的最佳种植规模q_2^*小于集中决策下的最佳种植规模q^{NC}；②分散决策下的最佳努力产出水平g^{ND}小于集中决策下最佳努力产出水平g^{NC}；③分散决策下的供应链收益小于集中决策下的供应链收益。

由推论6.1可得，分散式决策下的最优决策均小于集中决策下的最优决策，这是由于供应链成员仅考虑自身利润最大化而忽视了供应链系统整体的利益，即局部利益最优和整体利益最优的矛盾。因此对于供应链而言，供应链系统可以通过相互合作来消除上述的负面影响实现更高的利润，同时可以提高种植规模与努力产出水平，更好地满足市场的需求，占据更多市场份额，提升自身的收益。

（4）无政府补贴情况下两种合作模式对比分析

根据上文两种不同运营模式下得到的博弈均衡解，横向比较传统和土地流转订单农业模式中的应链系统各成员运营决策及利润大小，可以得到以下命题。

命题 6.1 当 $0 < \gamma < \frac{1}{2}$ 时，$g^{ND} < g^{NN}$；当 $\frac{1}{2} < \gamma < 1$，$g^{ND} > g^{NN}$。

命题 6.1 表明如果分红比例 γ 小于 $\frac{1}{2}$，则土地流转订单农业模式下的最优努力产出水平小于传统订单农业模式下的最优努力产出水平，否则土地流转订单农业模式下的最优努力产出水平较小。这是因为土地流转订单农业模式下农户收入来自公司给予的销售收入分红，而且农户的努力产出水平随着分红比例的增大而增加。因此，当土地流转订单农业模式下的农户持有相对较高的分红比例时，农户有动机提高农产品努力产出水平以获得更高的收入。

命题 6.2 存在阈值 γ_1，若 $0 < \gamma < \gamma_1$，$\pi_E{}^{ND} > \pi_E{}^{NN}$；若 $\gamma_1 < \gamma < 1$，$\pi_E{}^{ND} < \pi_E{}^{NN}$。

命题 6.2 提供了公司的模式选择条件，公司合作模式的选择与分红比例 γ 有关。当公司给予农户的分红比例 γ 较低时，公司会扩大种植面积，此时土地流转下的种植规模大于传统模式，虽然农户会缺乏提高农产品努力产出水平的动机，但是种植规模的扩大可以弥补单位面积产量低对总产量的抑制作用，从而提高总产量，所以公司在生产季节结束后会收获更多的农产品进行市场销售从而获得更高的收入。与此同时，公司只会给予农户较少的销售收入分红，因此，当分红比例 γ 足够低，低于阈值水平（即 $0 < \gamma < \gamma_1$）时，土地流转订单农业模式下的公司将获得更高收益。随着给予农户分红比例的提高，公司会减少种植规模以保证自己还可以获得较高的收益，进而农产品的总产量会减少，所以公司在这种情况下会选择传统订单农业模式来获得高

收益。

命题6.3 存在阈值γ_3和γ_4（$\gamma_3 < \gamma_4$），若$0 < \gamma < \gamma_3$，$\pi_F{}^{ND} < \pi_F{}^{NN}$，若$\gamma_3 < \gamma < \gamma_4$，$\pi_F{}^{ND} > \pi_F{}^{NN}$，若$\gamma_4 < \gamma < 1$，$\pi_F{}^{ND} < \pi_F{}^{NN}$。

上述命题表明，当分红比例足够低时，土地流转订单农业模式下的农户会缺乏提高农产品产出水平的动机，虽然公司在较低时会扩大种植面积、总产量也会更多，但是分红比例小，所以在这种情况下农户更倾向于选择传统订单农业模式来获得更高的收益。随着分红比例的增加，土地流转订单农业模式下的农户有动机提高农产品产出水平以获得更高的收入，尽管总产量随着分红比例的增加而减小，但是分红比例大，所以土地流转订单农业模式下农户的总收益还是会比传统订单农业模式下的农户获益更高。随着分红比例的进一步增加，公司给予农户的分红已经严重影响到了公司本身的收益，可能存在0收益的情况，此时的公司在土地流转模式下缺乏生产的动力，所以农户会选择传统订单农业模式来保证自己较高的收益。

6.2.2 有政府补贴模型的构建和求解

在这一部分中，假设政府决定向拥有土地使用权的个体提供面积补贴。在此基础上，讨论了政府补贴对传统订单农业模式和土地流转订单农业供应链运营模式的利润和均衡结果的影响。

（1）有政府补贴传统订单农业模式下供应链决策模型（BN模式）

传统订单农业供应链由上游企业和下游农户构成，双方的博弈顺序为：公司根据市场的需求与农户签订收购合约，承诺以协商的协议价格收购农户产出的所有农产品；随后，农户根据公司给出的收购价格和政府补贴的金额，确定农产品的最佳种植规模和努力产出水平。所以农户、公司的期望利润以及社会福利为：

$$\pi_E{}^{BN} = (p - w)(q\mu_1 + \kappa g) \tag{6.18}$$

$$\pi_F{}^{BN} = w(q\mu_1 + \kappa g) - \frac{1}{2}cq^2 - \frac{1}{2}c_2 g^2 + \lambda q \tag{6.19}$$

$$SW^{BN} = p(q\mu_1 + \kappa g) - \frac{1}{2}cq^2 - \frac{1}{2}c_2 g^2 + \lambda q \tag{6.20}$$

定理6.4 在有政府补贴的情况下，传统订单农业模式下均衡决策和结果如下：

$$q^{BN}=\frac{p\mu_1+2\lambda}{2c}+\frac{c_2\lambda\mu_1^{\ 2}}{2c(c\kappa^2+c_2\mu_1^{\ 2})} \tag{6.21}$$

$$g^{BN}=\frac{\kappa p}{2c_2}-\frac{\kappa c_2\lambda\mu_1}{2c_2(c\kappa^2+c_2\mu_1^{\ 2})} \tag{6.22}$$

$$w^{BN}=\frac{c\kappa p-c_2\lambda\mu_1+c_2p\mu_1^{\ 2}}{2(c\kappa^2+c_2\mu_1^{\ 2})} \tag{6.23}$$

$$\pi_E^{\ BN}=\frac{(c\kappa^2p+c_2\lambda\mu_1^{\ 2}+pc_2\mu_1^{\ 2})^2}{4cc_2(c\kappa^2+c_2\mu_1^{\ 2})} \tag{6.24}$$

$$\pi_F^{\ BN}=\frac{p^2c^2\kappa^4+c_2^{\ 2}\mu_1^{\ 2}(\lambda+p\mu_1)+2cc_2\kappa^2(2\lambda^2+p\lambda\mu_1+p^2\mu_1^{\ 2})}{8cc_2(c\kappa^2+c_2\mu_1^{\ 2})} \tag{6.25}$$

$$SW^{BN}=\frac{3p^2c^2\kappa^4+2cc_2\kappa^2(p\lambda\mu_1+3p^2\mu_1^{\ 2}-2\lambda^2)+c_2^{\ 2}\mu_1^{\ 2}(2p\lambda\mu_1+3p^2\mu_1^{\ 2}-\lambda^2)}{8cc_2(c\kappa^2+c_2\mu_1^{\ 2})} \tag{6.26}$$

证明过程与定理6.1的证明相似，故此处证明省略。

从上述公式中，发现政府补贴可以使农户愿意接受较低的合同批发价格，因为农民可以通过扩大种植规模获得更多的政府补贴。为了满足合同批发价格不为负，假设市场价格足够大：$p>\frac{c_2\lambda\mu_1}{c\kappa^2+c_2\mu_1^{\ 2}}$。

（2）有政府补贴土地流转订单农业模式下供应链分散决策模型（BLD模式）

在土地流转订单农业模式中，双方的博弈顺序为：在生产前，公司根据市场需求和政府补贴金额，制订农产品的种植计划，雇用农户进行农产品种植；农户依据公司的种植计划进行种植生产，在生产结束后，公司对农产品进行简单的加工等处理，将农产品投放到市场上进行售卖，根据自身的收益给予农户一定的分成。所以公司、农户的期望利润以及社会福利为：

$$\pi_E^{\ BLD}=(1-\gamma)p(q\mu_2+\kappa g)-\frac{1}{2}cq^2+\lambda q \tag{6.27}$$

$$\pi_F^{\ BLD}=\gamma p(q\mu_2+\kappa g)-\frac{1}{2}c_2g^2 \tag{6.28}$$

$$SW^{BLD} = p(q\mu_2 + \kappa g) - \frac{1}{2}cq^2 - \frac{1}{2}c_2g^2 \tag{6.29}$$

定理6.5 在有政府补贴的情况下，土地流转订单农业模式下均衡决策和结果如下：

$$q^{BLD} = \frac{(1-\gamma)p\mu_2 + \lambda}{c} \tag{6.30}$$

$$g^{BLD} = \frac{\kappa p\gamma}{c_2} \tag{6.31}$$

$$\pi_E{}^{BLD} = \frac{(\lambda + p\mu_2 - \gamma p\mu_2)^2}{2c} + \frac{\kappa^2p^2\gamma(1-\gamma)}{c_2} \tag{6.32}$$

$$\pi_F{}^{BLD} = \frac{p\gamma\left(2c_2\mu_2(\lambda + p\mu_2 - \gamma p\mu_2) + c\kappa^2p\gamma\right)}{2cc_2} \tag{6.33}$$

$$SW^{BLD} = \frac{c_2\mu_2{}^2p^2 + 2c\kappa^2p^2\gamma + 2c_2p\mu_2\lambda\gamma - c_2\lambda^2 - c\kappa^2p^2\gamma^2 - c_2\mu_2{}^2p^2\gamma^2}{2cc_2} \tag{6.34}$$

证明过程与定理6.2的证明相似，故此处证明省略。

（3）有政府补贴土地流转订单农业模式下供应链集中决策模型（BLC模式）

在集中化决策下，供应链各成员为利益共同体，通过联合决策种植规模和努力产出水平，使系统供应链的总期望收益达到最大化。因此，系统供应链的总期望收益为：

$$\pi^{BLC} = p(q\mu_1 + \kappa g) - \frac{1}{2}cq^2 - \frac{1}{2}c_2g^2 + \lambda q \tag{6.35}$$

定理6.6 存在政府补贴的情况下，集中决策时土地流转订单农业模式下最佳的种植规模、努力产出水平以及最优系统利润分别为：

$$q^{BLC} = \frac{p\mu_2 + \lambda}{c} \tag{6.36}$$

$$g^{BLC} = \frac{\kappa p}{c_2} \tag{6.37}$$

$$\pi^{BLC} = \frac{c\kappa^2p^2 + c_2(\lambda + p\mu_2)^2}{2cc_2} \tag{6.38}$$

推论6.2 政府补贴下的基于土地流转的订单农业供应链中，①分散决策下的最佳种植规模 q^{BLD} 小于集中决策下的最佳种植规模 q^{BLC}；

②分散决策下的最佳努力产出水平 g^{BLD} 小于集中决策下最佳努力产出水平 g^{BLC}；③分散决策下的最优期望收益 π^{BLD} 小于集中决策下的最优期望收益 π^{BLC}。

由推论6.2可知，存在政府补贴的情况下，分散决策下的最优决策均小于集中模式下的最优决策，这是因为在分散决策中，种植成本是由公司承担、努力成本由农户自己承担，因此在决策过程中为了实现各自利润最大化，会相应地减少努力成本或者种植成本的投入，而忽视供应链系统的协调问题，难以达到系统利润最大化，这不利于土地流转模式下的供应链成员维持长久的合作关系。

（4）政府补贴外生情况下两种合作模式对比分析

根据得到的存在政府补贴情况下两种不同模式下的博弈均衡解，横向比较传统和土地流转订单农业模式下的供应链系统各成员决策及利润，可得到以下命题。

命题6.4 政府补贴下农户的模式选择与分红比例、补贴金额的关系：

①当 $0 < \gamma < \gamma_1'$ 时，$\pi_F^{BLD} < \pi_F^{BN}$。

②当 $\gamma_1' < \gamma < 1$ 时，若 $0 < s < s_1'$，$\pi_F^{BLD} < \pi_F^{BN}$；若 $s_1' < s < s_2'$，$\pi_F^{BLD} > \pi_F^{BN}$；若 $s_2' < s$，$\pi_F^{BLD} < \pi_F^{BN}$。

命题6.4表明，在土地流转订单农业模式中，公司给予农户的分红比例较少的情况下，无论政府补贴金额的多少，农户在传统订单农业模式下的收益均高于土地流转订单农业模式。这是因为土地流转订单农业模式下农户利润的大小与分红比例的高低有直接关系，即分红比例高，农户利润大，分红比例低，农户利润小；同时由于土地流转订单农业模式下的农户没有获得政府补贴，所以在分红比例小的条件下，农户倾向于选择传统订单农业模式。即使农户能够获得较高的比例分红（即 $\gamma_1' < \gamma < 1$），政府补贴也很高（即 $\lambda_2' < \lambda$）时，传统订单农业模式下农户利润高于土地流转模式下的农户。因为土地流转订单农业模式下的农户没有农产品种植规模的决定权，在分红比例高的情况下公司会减少种植规模，同时农户也没有获得政府补贴，所以即使土地流转订单农业模式下的农户可以获得高薪，当政府补贴足够高

时，传统订单农业模式下的农户比土地流转订单农业模式下的收益要高。

命题6.5 政府补贴下公司的模式选择与分红比例、补贴金额的关系：

①当 $0 < \gamma < \gamma_2'$ 时，$\pi_E^{BLD} < \pi_E^{BN}$。

②当 $\gamma_2' < \gamma < 1$ 时，若 $0 < s < s_3'$，$\pi_E^{BLD} < \pi_E^{BN}$；若 $s_3' < s$，$\pi_E^{BLD} > \pi_E^{BN}$。

在土地流转订单农业模式下，公司的利润随着给予农户分红比例的增加而减少，随着政府补贴的增加而增加。因此，如果公司给予农户较高的分红比例（即 $\gamma_2' < \gamma < 1$），若政府补贴较低，公司在土地流转订单农业模式下的利润将低于传统模式下的利润。如果政府愿意提供足够高的补贴以促进种植规模的扩大，土地流转订单农业模式下的公司将直接受益，从而获得比传统订单农业模式下更高的收入。此外，如果给予农户的分红比例相对较低（即 $0 < \gamma < \gamma_2'$），可以发现，无论政府补贴金额的多少，土地流转订单农业模式下的公司收益会更好。

根据上文得到的博弈均衡解，纵向比较有政府补贴和没有政府补贴对传统和土地流转订单农业模式中的供应链成员运营决策及利润的影响，可得到以下命题。

命题6.6 在传统订单农业模式中，种植规模、农产品总产量以及公司和农户利润均随政府补贴金额增加而提高；农户努力水平及收购价格随政府补贴金额增加而降低。

由命题6.6可知，对于传统订单农业供应链而言，政府对拥有土地使用权的农户进行补贴，农户相当于额外获得了一份收入，因此农户的经济负担变小了，从而农户愿意接受较低的购买价格，公司知道这一点，所以公司更愿意收取较低的价格。同时农户会为了获得更多的补贴来扩大种植规模，虽然公司在传统订单农业模式中不是政府补贴的直接受益者，但是随着农户种植规模的扩大，产出的农产品数量也将提高，公司售卖的农产品的数量也将提高，同时收购价格降低即成本降低，由此公司获得的收益也随之增加，所以政府补贴对种植规模、农户和公司的利润将会明显高于补贴前。但是随着种植规模的扩大，即需要农户耕种的土地增多，在农户有限的时间里，农户的努力产出水平较补贴之前降低了。

命题6.7 在土地流转订单农业模式中，种植规模、农产品总产量以及公司和农户利润均随政府补贴金额增加而提高；农户努力水平与政府补贴无关。

由命题6.7可知，对于土地流转订单农业供应链而言，政府对公司进行补贴，相当于降低了公司由于承包土地即拥有土地的使用权带来的额外生产成本，因此为了获得更多的补贴收入公司必然会加大种植规模。由于农户在土地流转订单农业模式中不是政府补贴的直接受益者，且努力产出水平只与分红比例的高低有关，政府补贴并不能提高农户努力种植的积极性，因此，与补贴前相比，农户的投入产出水平没有发生改变；但是随着种植规模扩大，公司进行售卖的农产品的数量也将提高，由此销售收入也随之增加，又因为农户、公司是收益共享的合作模式，此时农户的收益也将提高，所以政府补贴对种植规模、农户和公司的利润将会明显高于补贴前。

6.3 土地流转模式下订单农业供应链协调机制设计

6.3.1 无政府补贴时组合契约模型构建与求解

为了促进供应链成员之间的合作，假设让公司分摊农户的努力产出生产成本，设置公司分摊比例为φ，农户则分摊$1-\varphi$的努力产出生产成本；让农户分摊公司的种子、化肥生产农资成本，设置农户分摊比例为τ，公司则分摊$1-\tau$的生产农资成本（$\varphi \geqslant 0$，$\tau \leqslant 1$）。同时假设公司分配给农户的转移支付为T。

无政府补贴时组合契约模型下，公司、农户的利润函数分别为：

$$\pi_E^{NDX} = (1-\gamma)\bar{p}(q\mu_1+\kappa g) - \frac{1}{2}(1-\tau)cq^2 - \frac{1}{2}\varphi c_2 g^2 - T \tag{6.39}$$

$$\pi_F^{NDX} = \gamma\bar{p}(q\mu_1 + \kappa g) - \frac{1}{2}\tau c q^2 - \frac{1}{2}(1 - \varphi)c_2 g^2 + T \quad (6.40)$$

定理6.7 在无政府补贴的情况下，组合契约模型的均衡结果如下：

$$q^{NDX} = \frac{(1 - \gamma)p\mu_2}{c(1 - \tau)} \quad (6.41)$$

$$g^{NDX} = \frac{\kappa p\gamma}{(1 - \varphi)c_2} \quad (6.42)$$

$$\pi_E^{NDX} = \frac{p^2\mu_2^{\ 2}(1 - \gamma)^2}{2c(1 - \tau)} + \frac{\kappa^2 p^2\gamma(2 - 2\gamma + \varphi\gamma - 2\varphi)}{2c_2(1 - \varphi)^2} - T \quad (6.43)$$

$$\pi_F^{NDX} = \frac{p^2\mu_2^{\ 2}(1 - \gamma)(\tau + \tau\gamma - 2\gamma)}{2c(1 - \tau)^2} + \frac{\kappa^2 p^2\gamma^2}{2c_2(1 - \varphi)} + T \quad (6.44)$$

证明过程与定理6.2的证明相似，详细证明省略。

命题6.8 在无政府补贴的组合契约下，若契约参数φ，τ，T满足：

$$\varphi = 1 - \gamma$$

$$\tau = \gamma$$

$$\frac{p^2\gamma\left(c_2\mu_2^{\ 2}(1 - 2\gamma) - c_1\kappa^2(1 - \gamma)\right)}{2cc_2} < T < \frac{p^2(1 - \gamma)\left(c_2\mu_2^{\ 2}\gamma - c_1\kappa^2(1 - 2\gamma)\right)}{2cc_2}$$

则可实现供应链系统完美协调。

6.3.2 存在政府补贴时组合契约模型构建与求解

为了较少农户支出，增加农产品的产出，让公司分摊农户的努力产出生产成本，设置公司分摊比例为β，农户则分摊$1 - \beta$的努力产出生产成本；另一方面，公司为了减少种植负担，让农户分摊公司的种子、化肥生产农资成本，设置农户分摊比例为κ，公司则分摊$1 - \kappa$的生产农资成本（$0 \leqslant \beta, \kappa \leqslant 1$）。同时假设公司分配给农户的转移支付为F。所以公司、农户的利润函数分别为：

$$\pi_E^{LDX} = (1 - \gamma)\bar{p}(q\mu_2 + \kappa g) - \frac{1}{2}(1 - \kappa)cq^2 - \frac{1}{2}\beta c_2 g^2 + \lambda q - F \quad (6.45)$$

$$\pi_F^{LDX} = \gamma\bar{p}(q\mu_1 + \kappa g) - \frac{1}{2}\kappa c q^2 - \frac{1}{2}(1 - \beta)c_2 g^2 + F \quad (6.46)$$

定理6.8 政府补贴下引入成本分担契约，基于土地流转的订单农业合作模式下最佳的种植规模，努力产出水平，农户、公司以及最优供应链系统利润分别为：

$$q^{LDX}=\frac{(1-\gamma)p\mu_2+\lambda}{c(1-\kappa)} \tag{6.47}$$

$$g^{LDX}=\frac{\kappa p\gamma}{(1-\beta)c_2} \tag{6.48}$$

$$\pi_E^{LDX}=\frac{\left(\lambda+p\mu_2(1-\gamma)\right)^2}{2c(1-\kappa)}+\frac{\kappa^2p^2\gamma(2-2\gamma+\beta\gamma-2\beta)}{2c_2(1-\beta)^2}-F \tag{6.49}$$

$$\pi_F^{LDX}=\frac{\left(\lambda+p\mu_2(1-\gamma)\right)\left(\lambda\kappa+p\mu_2(\kappa-2\gamma+\kappa\gamma)\right)}{2c(1-\kappa)^2}+\frac{\kappa^2p^2\gamma^2}{2c_2(1-\beta)}+T \tag{6.50}$$

证明过程与定理6.2的证明相似，详细证明省略。

命题6.9 存在政府补贴时的组合契约下，若契约参数β，κ，F满足：

$$\beta=1-\gamma$$

$$\kappa=\frac{p\mu_2\gamma}{\lambda+p\mu_2}$$

$$\frac{p\gamma\left(c_2\mu_2(\lambda+p\mu_2-2p\mu_2\gamma)-c\kappa^2p(1-\gamma)\right)}{2cc_2}<F<\frac{p\gamma\left(c_2\mu_2(\lambda+p\mu_2-p\mu_2\gamma)+c\kappa^2p(1-3\gamma+2\gamma^2)\right)}{2cc_2}$$

则可实现供应链系统完美协调。

6.4 数值算例分析

考虑由一个农户和一个公司构成的两级闭环供应链系统。为进一步探讨模式参数对公司、农户合作模式的影响，进一步对模型进行分析，验证所得结论，使用管理科学研究常用工具Matlab2021b对数学模型进行数值仿真。参考《中国农村统计年鉴》中2021年、2022年玉米价格走势和惠农网的相关数据，模型中市场价格设定为$p=1\,200$，参考彭红军等（2020）、叶飞等（2012）的研究，其他相关参数可假设为：$c = 20$，$c_2 = 30$，$\kappa = 1.2$。

6.4.1 无政府补贴时最优总产量影响分析

图6-3和图6-4分别描述了两种模式中期望产出率相同和期望产出率不同时的分红比例γ对农产品总产量的影响情况。从图6-1和图6-2可以看出，在土地流转订单农业模式下，分红比例与总产量Q负相关，即随着公司给予农户的分红比例γ的提高，公司会降低种植规模，从而导致农产品的产出总量减少；而在传统模式下，农产品的产出总量不会受到分红比例的影响。还可以发现，当分红比例处于较低水平时，土地流转订单农业模式下的总产量大于传统模式；而当分红比例处于相对较高水平时，传统订单农业模式下农产品总产量要大于土地流转模式。这是因为，在土地流转订单农业模式下，农户的努力产出水平、种植规模直接受到分红比例的影响，分红比例较低时公司会扩大种植规模以获取更高的利润，高收入共享比例会使公司的生产积极性受挫，降低种植规模从而导致农产品的最终生产量逐渐减小甚至低于传统模式下的产量。而在传统模式下，农户会根据生产前签订的收购价格来制订生产计划，该模式下农产品的种植规模、努力产出水平不会随着分红比例的提高而发生变化，所以农产品的总产量不会发生变化。

通过对图6-3和图6-4进行对比分析，可以发现：农产品的均衡总产量受期望产出率μ影响非常显著，这是因为公司承包土地时具有规模化、机械化、集约化的高效生产方式，土地流转订单农业模式下的期望产出率会高于传统订单农业模式，所以当分红比例在一定范围内选择土地流转订单农业模式将能更好地保障农产品的供给充足。

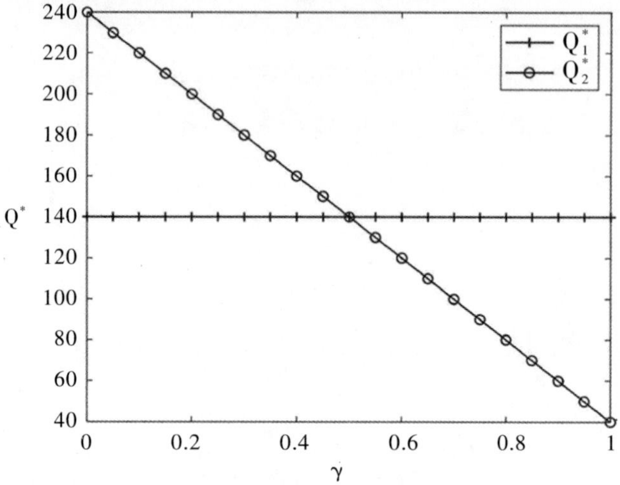

（a）$\mu_1 = \mu_2 = 2$

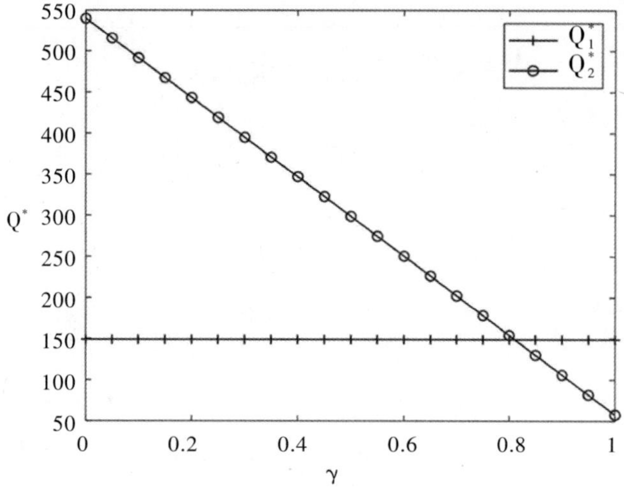

（b）$\mu_1 = 2$，$\mu_2 = 3$

图6-3 分红比例对农产品总产量的影响

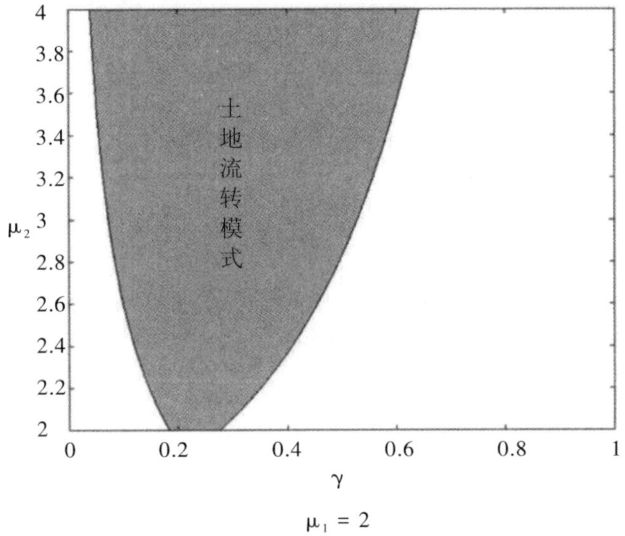

图6-4　分红比例和期望产出率对合作模式选择的影响

6.4.2　无政府补贴时供应链成员生产模式选择

只有让所有参与者都能获得足够高的收益的合作模式才能确保运营的稳定性，从而提高订单农业供应链的可靠性。由图6-4可知，该结果进一步验证了命题6.2和6.3。图6-4显示了分红比例和期望产出率对合作模式选择的影响，灰色区域是在土地流转订单农业模式下公司和农户实现双赢的情况，空白区域是农户和公司选择传统订单农业模式进行合作。可以看出，分红比例γ的增加对农产品总产量、农户收益以及公司收益的影响较大。因此，当分红比例处于适当范围内（即$\gamma_1 < \gamma < \gamma_3$），土地流转订单农业模式可以实现农户和公司的双赢，订单农业供应链的可靠性得到保证。由前文分析和此处的数值仿真不难发现：先进的种植机器、集约化管理和生产力集中下较高的期望产出率在供应链运营中具有提高农户的利润分配比例的作用。

6.4.3　存在政府补贴时供应链成员生产模式选择

图6-5和图6-6分别描述了当$\mu_1 = \mu_2$和$\mu_1 \neq \mu_2$时，策略选择在两

种运营模式下随政府补贴和公司给予农户的分红比例的变化。图6-5（a）说明了分红比例和政府补贴对农户合作模式选择的影响。在分红比例较小的情况下，农户会偏向于传统模式，随着农户获得的分红比例的增加，当政府补贴相对较大时，农户还是会选择传统模式进行生产。这是因为，当政府补贴提高时，农户的生产成本随之降低，农户会因为政府补贴的提高更愿意增加种植量，所以农户的收益也随之提高。如果土地流转模式下的公司能够给农户提供较高的分红比例，农民将更倾向于选择土地流转模式；当分红比例逐渐升高接近1时，此时的公司收益主要是靠政府补贴的发放，所以只有政府补贴很大，公司才会选择这种模式，否则公司会选择土地流转模式。

图6-5（b）说明了分红比例和政府补贴对公司合作模式选择的影响。如果给予农户的分红比例较低，公司将更倾向于选择土地流转模式，随着给予农户分红比例的增加，只有当政府补贴相对较大时，公司在土地流转模式下的收益才会更高。当给予农户的分红比例足够大时，即使没有政府补贴，传统模式下的公司也可以获得更多的收入。这是因为传统模式下的公司收益是销售农产品的收入减去收购农产品的成本，收购价格是在农户生产前约定好的。而土地流转模式的收益是销售收入减去给予农户的收益分红减去种植成本，分红比例越大，种植规模越小，农产品的总产量越低，此时的销售收入就会减少，同时给予农户的收益分红比例增多，公司的收益就会减少。所以同样的情况下，传统模式下的公司将获得更多的利益。

由图6-5（a）（b）两幅图可以看出农户能够获得更高收益的合作模式不一定是公司的最佳选择。图6-5（c）显示了公司和农户实现双赢的情况。对比图6-6和图6-7可以发现当土地流转的期望产出率高时，公司可以接受的给予农户的分红比例范围在增加，农户可以接受更低的分红比例，土地流转模式下的公司和农户共赢的区域在变大。

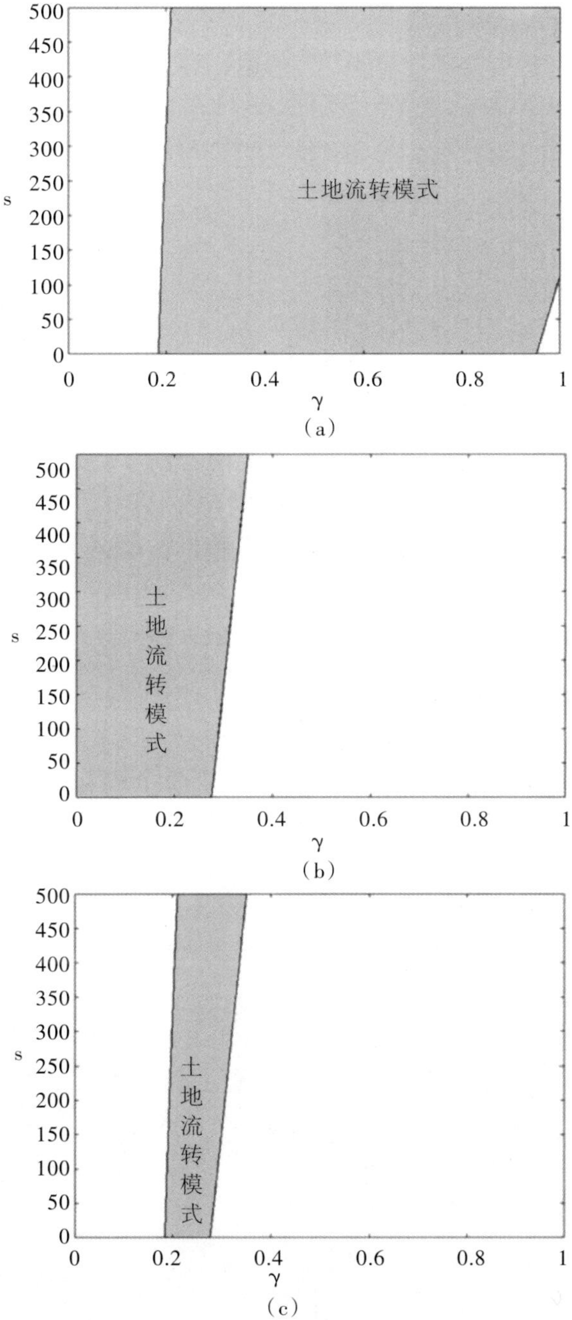

$\mu_1 = \mu_2 = 2$

图6-5　分红比例和政府补贴对合作模式选择的影响（情况1）

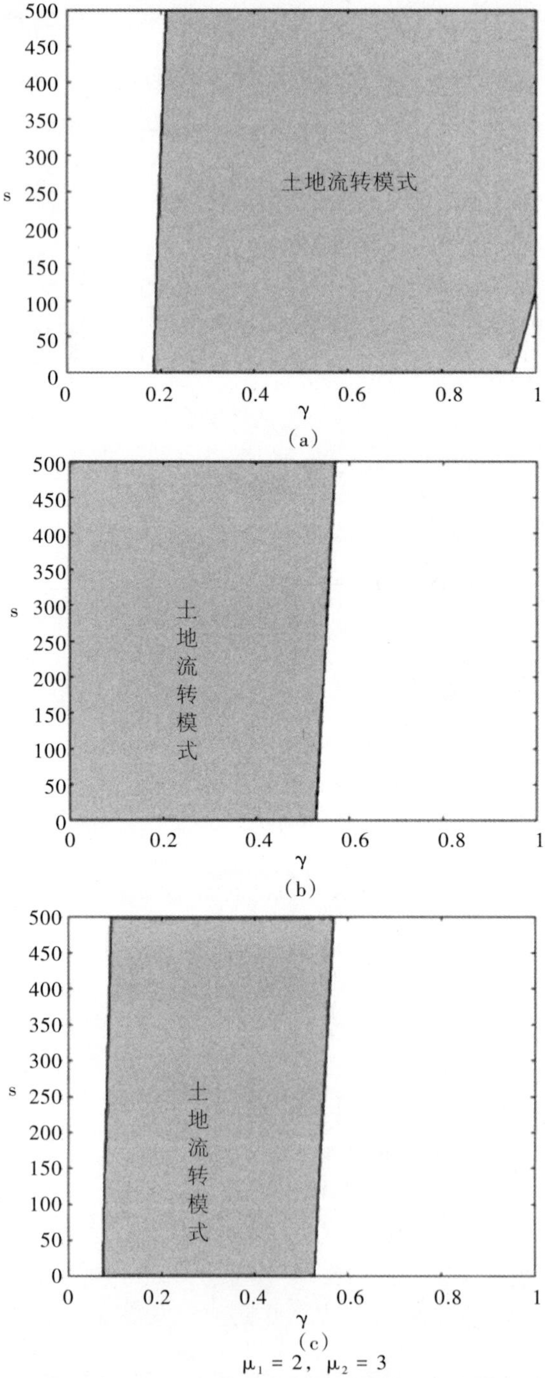

$\mu_1 = 2$，$\mu_2 = 3$

图6-6 分红比例和政府补贴对合作模式选择的影响（情况2）

6.4.4 无政府补贴组合契约下的模式选择

通过表6-1可以知道在实行“双向成本分担+转移支付”组合契约后，公司和农户实现双赢的区域变大了，即在契约前农户、公司会选择土地流转模式，契约后也会选择土地流转模式；契约前没有选择土地流转合作模式，契约后会选择土地流转模式，表明设计的契约机制合理有效地激励了促进土地流转。

表6-1 γ对不同情境下供应链成员及总利润的影响

			π_F	π_E	π
$\gamma = 0.15$ $T \subset (10\,713.6,\ 38\,923.2)$	传统模式		44 640	89 280	133 920
	土地流转模式	无协调契约	37 497.6	112 852.8	150 350.4
		有协调契约	26 784+T	151 776−T	178 560
$\gamma = 0.25$ $T \subset (11\,520,\ 39\,960)$	传统模式		44 640	89 280	133 920
	土地流转模式	无协调契约	56 160	93 960	150 120
		有协调契约	44 640+T	133 920−T	178 560
$\gamma = 0.35$ $T \subset (7\,257.6,\ 39\,499.2)$	传统模式		44 640	89 280	133 920
	土地流转模式	无协调契约	69 753.6	76 564.8	146 318.4
		有协调契约	62 496+T	116 064−T	178 560
$\gamma = 0.45$ $T \subset (-2\,073.6,\ 37\,540.8)$	传统模式		44 640	89 280	133 920
	土地流转模式	无协调契约	78 278.4	60 667.2	138 945.6
		有协调契约	80 352+T	98 208−T	178 560

同时还可以知道，本书所提出的“双向成本分摊+转移支付”契约能够成为一种行之有效的基于土地流转的订单农业供应链优化机制，从而达到供应链成员之间的高效合作和合理分担运营风险的目的，同时可以有效地提高供应链成员的实际利润。这说明该契约具有现实可行性。

6.4.5 存在政府补贴时组合契约下的模式选择

由表6-2可知，组合契约的应用不仅可以有效地控制供应链系统中的利润，而且可以改善公司和农户之间的利益分配，从而提升双方的利润。通过组合契约，供应链系统可以有效地提高公司和农户各自的利润，并促使双方达成契约，从而保证了契约的有效性。此外，组合契约还可以帮助供应链成员控制成本、降低风险、提高供应链系统的效率，从而实现供应链系统的优化。同时促进了土地流转合作模式的推进，有利于农业现代化的发展。

表6-2 政府补贴下γ对不同情境下供应链成员及总利润的影响（λ = 150）

			π_F	π_E	π
γ = 0.15 F ∈ (12 063.6，40 273.2)	传统模式		49 362.28	98 506.81	147 869.09
	土地流转模式	无协调契约	40 197.6	128 715.3	168 912.9
		有协调契约	28 134+F	168 988.5−F	197 122.5
γ = 0.25 F ∈ (13 770，42 210)	传统模式		49 362.28	98 506.81	147 869.09
	土地流转模式	无协调契约	60 660	108 022.5	168 682.5
		有协调契约	46 890+F	150 232.5−F	197 122.5
γ = 0.35 F ∈ (110 407.6，42 649.2)	传统模式		49 362.28	98 506.81	147 869.09
	土地流转模式	无协调契约	76 053.6	88 827.3	164 880.9
		有协调契约	65 646+F	131 476.5−F	197 122.5

6.5 本章小结

本章针对“公司+农户”型订单农业供应链设计了一种考虑土地流转的订单农业供应链合作模式，并设计了与之匹配的订单契约。同时，本章还为这种考虑土地流转的订单农业供应链合作模式设计了相应的协调契约，这种契约不仅消除了供应链“双重边际效应”，还扩大了这种运营模式的使用范围。本章的研究结论主要分为以下三点：

6.5.1 考虑土地流转的订单农业供应链合作模式适用条件

本章利用博弈建模求解的方法将设计的考虑土地流转的订单农业供应链合作模式与传统订单农业供应链合作模式进行了比较。通过对均衡结果的对比分析发现：当公司给予农户的分红比例在一定范围或土地流转模式下的期望产出率高时，土地流转订单农业模式下的农产品总产量相对较大。当两种运营模式的期望产出率相同时，若分红比例在一定范围内，土地流转订单农业模式下的供应链成员可以获得更高的收益；但是当公司给予农户的分红比例足够高时，传统订单农业模式下农产品的总产量和供应链成员收益均要高于土地流转订单农业模式。当两种运营模式的期望产出率不相同时，随着土地流转订单农业模式下的期望产出率增大，供应链成员选择土地流转模式进行合作时可以接受的分红比例上限在缓慢增加；可以接受的最低分红比例下限逐渐降低，即在土地流转订单农业模式下的期望产出率较高的情况下，农户可以接受更低的分红比例来获取更多利润。

6.5.2 政府补贴对订单农业供应链合作模式的影响

本章进一步讨论了政府补贴对考虑土地流转的订单农业供应链合作模式的影响。研究发现：两种合作模式下的农产品总产量、种植规模以及农户和公司的最优期望利润均会随着政府补贴金额的提高而增大，而只有传统模式下的农户努力产出水平、公司收购价格会随着政府补贴金额的增大而降低；当政府不参与供应链决策时，农户、公司选择土地流转模式进行合作时的分红比例范围随着政府补贴的增加而发生改变，随着土地流转模式下的期望产出率增大而增大；当政府参与供应链决策时，只有在土地流转模式下的期望产出率高于阈值，并且分红比例在一定范围内，公司和农户才会选择土地流转的订单农业模式以增加自己的收益。

6.5.3 考虑土地流转的订单农业供应链协调机制设计

为了降低供应链双重边际效应，提高供应链成员合作效率，本章针对提出的考虑土地流转的订单农业供应链设计了相应的协调契约，并进行了数值仿真分析。研究表明，分散决策下存在双重边际效应，使得集中决策下种植规模、产出努力水平以及供应链系统利润均处于较高水平。本章设计的协调契约中的契约参数满足一定条件时可以降低双重边际效应，缓解整体和局部的利益冲突，从而提高种植规模、努力产出水平以及供应链各成员收益，实现供应链系统完美协调；在“双向成本分担+转移支付”契约中，契约参数满足一定条件时可以有效激励供应链成员选择考虑土地流转的订单农业合作模式，加快农业现代化进程。

第7章　结论与启示

7.1　主要结论

本书在对相关文献归纳整理的基础上，利用博弈理论、效用理论等工具，结合辽宁省订单农业发展现状，从理论层面对土地制度改革背景下辽宁省现代订单农业供应链运营决策问题进行了深入的研究。通过建立博弈模型，并将求得的均衡结果进行对比分析，深入地讨论了龙头公司与农户在订单农业供应链中的合作运营模式，分析了不同合作运营模式对龙头企业及农户运营决策和利润的影响。本研究为订单农业运营中龙头企业与农户深入合作提供理论支持。本研究还从推动订单农业发展的角度计算了消费者剩余和社会福利，为相关政府部门制定相关政策推动订单农业提供一定参考。本书主要结论分为以下五点：

7.1.1　订单农业供应链契约建立时点策略

按照订单农业供应链中订单签订的时间点的不同，根据农产品销售企业制定订单收购价格时市场上是否确定了当年的种子价格，将供应链生产决策顺序分为农产品公司在市场公布当年种子价格后制定收购价格和农产品公司在市场上种子价格公布前制定收购价格两种情况。利用博弈理论，针对由一个种子公司、一个农产品销售公司和一个农户组成的订单农业供应链系统，分别为两种订单农业供应链模式建立了订单农业供应链博弈模型，通过对均衡结果进行对比分析，得到以下重要结论：农产品收购企业应当在当年市场种子价格公布之前确定订单契约收购价格，这种模式下可以使得订单农业合作双方，即农产品收购公司和农户实现双赢。同时，这种模式下的农作物产量也会较农产品收购企业在当年市场种子价格公布之后确定订单契约收购价格模式更高，农产品价格更低，从而增加消费者剩余。虽然这种模式会降低种子公司收益，但这种模式下农业供应链多重边际效应降低，整个供应链收益增加，更有利于社会福利。

7.1.2 订单农业供应链信息共享策略

由于公司企业长期从事销售，公司较农户具有更好的市场价格预测能力和技术获取能力，公司拥有两种信息：一种是市场预测信息，另一种是生产种植建议。本书分别讨论两种信息共享对公司和农户生产经营决策带来的影响。利用博弈理论，针对由一个龙头企业和一个农户组成的订单农业供应链，分别针对公司是否共享市场预测信息和生产种植建议，分成四种信息共享方式：一是不共享信息，二是只共享市场预测信息，三是只共享生产种植建议，四是两种信息均共享。同时，为这四种信息共享方式建立订单农业供应链博弈模型，其中公司是供应链领导者。通过对均衡结果进行对比分析，得到以下重要结论：

公司共享市场预测信息虽然不会使农户提高种植量，但总是会提高农户和自身利润。若生产建议能带来一定的市场规模扩大和为农户带来一定的产量提高率，公司会进行一定生产投资。且投资规模超过一定金额时，公司会向农户收取一定比例的成本费用来分担投资成本。通过市场调研发现，现实中当生产建议投资金额较小时，公司一般仅向农户收取低额管理费；而当生产建议投资额较大时，鼓励农户以入股的方式进行合作投资。同时，为了促使农户采用其生产种植建议，公司总是会提高粮食收购价格，而接纳公司生产种植建议的农户总是会提高种植量。

7.1.3 订单农业供应链融资模式选择策略

基于“公司+农户”订单模式，按照融资渠道不同，将农户融资分为公司提供的供应链内部融资和银行提供的供应链外部融资两种模式。利用博弈理论，针对由一个公司和一个农户两个博弈方组成的“公司+农户”订单农业供应链系统，分别为两种订单农业模式建立了订单农业供应链博弈模型，其中公司是供应链领导者。通过对均衡结果进行对比分析，得到以下重要结论：当农户不具备良好的融资条件，不能从银行获得低利率融资时，公司可以制定适当的融资利率获得供应链成员的双赢。这样不但可以提高自身利润，还有助于增强与农户之间的合作关系。同时，公司融资模式下，公司提供的融资利率越低，越能激励农户扩大生产投入，但也会要求越低的收购价格，因此过低的公司融资利率并不总是对农户有利。数值算例表明，农户银行融资能力的增强不仅会提高农户银行融资模式下的获利能力，也会提高农户在公司融资模式下的获利能力。且当农户可以在银行获得政策性优惠贷款时，公司将不能从公司融资这种盈利模式上获利，公司融资这种合作模式将不复存在。

7.1.4 基于土地流转的订单农业供应链“土地流转+职业农民”合作策略

本书将订单农业供应链是否基于土地流转策略分为一般“公司+农户”订单农业供应链模式和基于土地流转的订单农业供应链模式。利用博弈理论，针对由一个公司和一个农户组成的“公司+农户”订单农业供应链系统，分别为两种订单农业供应链模式建立了订单农业供应链博弈模型。通过对均衡结果进行对比分析，得出以下重要结论：一定条件下，农户乐意改变原来单纯的订单收购关系，以一定价格将土地流转给公司，并作为职业农民受雇于公司进行种植，且土地流转后，消费者福利总是增加。更为重要的是，本章发现公司通过将农户工资提高到一定水平和降低土地流转价格到一定范围可以使基于土地流转的订单农业供应链达到完美协调，农户与公司之间能够形成一个双赢的局面，且消费者剩余和社会福利也进一步提高。同时，研究发现，基于土地流转的订单农业供应链合作模式，总是可以增加农产品产量，且供应链达到协调时，农产品产量达到最大。而相对于一般订单农业合作模式，供应链分散决策时，基于土地流转的订单农业合作模式会降低农户的努力产出水平；而供应链集中决策时，基于土地流转的订单农业合作模式可以激发农户更加努力地耕作。基于土地流转的订单农业合作模式下的农户工资水平与土地流转价格不仅与农产品市场规模有关，还与价格弹性系数和产出努力系数有关。供应链分散决策下，土地流转价格总是正数，而价格弹性系数与努力产出系数一定范围内，农户不仅愿意无偿流转土地，甚至愿意向公司交纳一定的费用入股，以获得高工资收入达到供应链协调，形成供应链“双赢”。

7.1.5 基于土地流转的订单农业供应链“土地流转+收入共享”合作策略

在考虑政府补贴的条件下，针对订单农业供应链是否通过收入共享的方式采用土地流转运营策略，分为一般“公司+农户”订单农业供应链模式和基于土地流转的订单农业供应链模式。利用博弈理论，针对由一个公司和一个农户组成的“公司+农户”订单农业供应链系统，分别为四种订单农业供应链模式建立了订单农业供应链博弈模型。通过对均衡结果进行对比分析，得出以下重要结论：当公司给予农户的分红比例在一定范围或土地流转模式下的期望产出率高时，土地流转订单农业模式下的农产品总产量相对较大。当两种运营模式的期望产出率相同时，若分红比例在一定范围内，土地流转订单农业模式下的供应链成员可以获得更高的收益；但是当公司给予农户的分红比例足够高时，传统订单农业模式下农产品的总产量和供应链成员收益均要高于土地流转订单农业模式。当两种运营模式的期望产出率不相同时，随着土地流转订单农业模式下的期望产出率增大，供应链成员选择土地流转模式进行合作时可以接受的分红比例上限在缓慢增加；可以接受的最低分红比例下限逐渐降低，即在土地流转订单农业模式下的期望产出率较高的情况下，农户可以接受更低的分红比例来获取更多利润。同时，两种合作模式下的农产品总产量、种植规模以及农户和公司的最优期望利润均会随着政府补贴金额的提高而增大，而只有传统模式下的农户努力产出水平、公司收购价格会随着政府补贴金额的增大而降低。当政府不参与供应链决策时，农户、公司选择土地流转模式进行合作时的分红比例范围随着政府补贴的增加而发生改变，随着土地流转模式下的期望产出率增大而增大；当政府参与供应链决策时，只有在土地流转模式下的期望产出率高于阈值，并且分红比例在一定范围内，公司和农户才会选择土地流转的订单农业模式以增加自己的收益。

7.2 启示和建议

7.2.1 订单农业供应链契约建立时点方面

本书根据针对订单农业供应链契约建立时点策略得到的结论，提出以下建议：一是农产品订单收购企业应该在种子价格公布之前制定订单农业收购契约，以实现订单农业合作双方共赢。二是优质新良种上市时，政府可以给予农户部分良种补贴，促进农户收入增长的同时，也激励种子公司良种的研发和促进订单农业的推广。

7.2.2 订单农业供应链信息共享方面

本书根据针对订单农业供应链信息共享策略得到的结论，提出以下建议：一是“公司+农户”型订单农业供应链中，公司应充分利用其自身优势，与农户共享市场预测信息。二是政府部门可以对“公司+农户”型农业供应链进行一定的生产种植专用补贴以提高农户产量和扩大市场规模。然而，该补贴应该设立合理的机制，以防止公司利用其供应链中主导地位，侵占农户利益。如可以考虑补贴农户，农户入股公司的模式参与公司生产种植投资的方式等。

7.2.3 订单农业供应链融资模式选择方面

本书根据针对订单农业供应链融资策略得到的结论，得到以下启示和建议：一是在农村金融市场还不完善，农户银行融资能力较弱的当下，公司可以通过为农户提供融资服务来进一步深入合作，实现双赢。二是政府应鼓励银行等机构探讨、创新农村业务模式，提高农户银行融资能力，促进农户收入增长。

7.2.4 基于土地流转的订单农业供应链“土地流转+职业农民”合作策略方面

本书根据针对基于土地流转的订单农业供应链“土地流转+职业农民”合作策略研究得出的结论，提出以下建议：一是可以推进基于土地流转的订单农业供应链“土地流转+职业农民”合作策略模式，并通过设置合理的工资水平和土地流转价格促成供应链协调，从而促进农户和公司形成“双赢”，并增加消费者剩余和社会福利。二是可以规范基于土地流转的订单农业模式下农户工资标准，以防范公司利用供应链地位侵占农户权益。三是在土地流转的订单农业供应链合作模式下，相关部门可以给予公司雇用农户一定的工资税收政策，激励公司提高雇用农户的工资水平，促进供应链协调。四是相关部门可以给予农户一定的土地流转补贴，以促进土地流转的推广。

7.2.5 基于土地流转的订单农业供应链“土地流转+收入共享”合作策略方面

本书根据基于土地流转的订单农业供应链“土地流转+收入共享”合作策略研究得出的结论，提出以下建议：一是可以推进基于土地流转的订单农业供应链“土地流转+收入共享”合作策略模式，并通过设置合理的收入分配比例促成供应链协调，从而促进农户和公司形成“双赢”，并增加消费者剩余和社会福利。二是有针对性的政府补贴可以促进土地流转的推广和订单农业的发展，但相关政府管理部门应针对具体的运营模式设计匹配的补贴方案。

参考文献

[1] ALIZAMIR S, IRAVANI F, MAMANI H. An analysis of price vs. revenue protection: Government subsidies in the agriculture industry [J]. Management Science, 2019, 65 (1): 32-49.

[2] AKKAYA D, BIMPIKIS K, LEE H. Government interventions to promote agricultural innovation [J]. Manufacturing & Service Operations Management, 2021, 23 (2): 437-452.

[3] BOYABATLI O, KLEINDORFER P R, KOONTZ S R. Integrating long-term and short-term contracting in beef supply chains [J]. Management Science, 2011, 57 (10): 1771-1787.

[4] BUZACOTT J A, ZHANG R Q. Inventory management with asset-based financing [J]. Management Science, 2004, 50 (9): 1274-1292.

[5] CAI X, CHEN J, XIAO Y, et al. Optimization and coordination of fresh product supply chains with freshness-keeping effort [J]. Production and Operations Management, 2010, 19 (3): 261-278.

[6] CALDENTEY R, HAUGH M B. Supply contracts with financial hedging [J]. Operations Research, 2009, 57 (1): 47-65.

[7] CHEN S C, TENG J T. Retailer's economic order quantity when the supplier offers conditionally permissible delay in payments link to order quantity [J]. International Journal of Production Economics, 2014 (155): 284-291.

[8] CHEN X. A model of trade credit in a capital-constrained distribution channel [J]. International Journal of Production Economics, 2015, 159 (C): 347-357.

[9] GAL-OR E. First mover and second mover advantages [J]. International Economic Review, 1985, 26 (3): 649 - 653.

[10] FU K, WANG C, XU J. The impact of trade credit on information sharing in a supply chain [J]. Omega, 2022, 110 (7): 305-483.

[11] GUO H, JOLLY R W, ZHU J. Contract farming in China: Perspectives of farm households and agribusiness firms [J]. Comparative Economic Stu Dijkes, 2007, 49 (2): 285-312.

[12] GUO L, LI T, ZHANG H. Strategic information sharing in competing channels [J]. Production & Operations Management, 2015, 23 (10): 1719-1731.

[13] DEININGER K, JIN S, XIA F, et al. Moving off the farm: Land institutions to facilitate structural transformation and agricultural productivity growth in China [J]. World Development, 2014, 59 (C): 505-520.

[14] DIJK T V. Scenarios of Central European land fragmentation [J]. Land Use Policy, 2003, 20 (2): 149-158.

[15] JIANG B, TIAN L, XU Y, et al. To share or not to share: Demand forecast sharing in a distribution channel [J]. Marketing Science, 2016, 35 (5): 800-809.

[16] KOUVELIS P, ZHAO W. Financing the newsvendor: Supplier vs. bank, and the structure of optimal trade credit contracts [J]. Operations Research, 2012, 60 (3): 566-580.

[17] LI L. Information sharing in a supply chain with horizontal competition [J]. Management Science, 2002, 48 (9): 1196-1212.

[18] LIU Y, QUAN B T, XU Q, et al. Corporate social responsibility and decision analysis in a supply chain through government subsidy [J]. Journal of Cleaner Production, 2019, 20 (1): 436-447.

[19] MATSUI K. When should a manufacturer set its direct price and wholesale price in dual-channel supply chains [J]. European Journal of Operational Research, 2017, 258 (2): 501-511.

[20] MISHRA B, RAGHUNATHAN S, YUE X. Demand forecast sharing in supply chains [J]. Production and Operations Management, 2009, 18

(2): 152-166.

[21] MIYATA S, MINOT N, HU D. Impact of contract farming on income: Linking small farmers, packers, and supermarkets in China [J]. World Development, 2007, 37 (11): 1781-1790.

[22] NIU B, JIN D, PU X. Coordination of channel members' efforts and utilities in contract farming operations [J]. European Journal of Operational Research, 2016, 255 (3): 869-883.

[23] OERSDEMIR A, KEMAHLIOGLU-ZIYA E, PARLAKTUERK A K. Competitive quality choice and remanufacturing [J]. Production and Operations Management, 2014, 23 (1): 48-64.

[24] Pansin K, Khamkaew T. Report on contract farming in Thailand [EB/OL]. [2023-11-21]. https://www.wiego.org/sites/default/files/publications/files/T04.pdf.

[25] PULTRONE C. An overview of contract farming: Legal issues and challenges [J]. Uniform Law Review, 2012, 17 (1-2): 263-289.

[26] SARKAR B, SAREN S. An inventory model with trade-credit policy and variable deterioration for fixed lifetime products [J]. Annals of Operations Research, 2015, 229 (1): 677-702.

[27] SHANG W, HA A Y, TONG S. Information sharing in a supply chain with a common retailer [J]. Management Science, 2016, 62 (1): 245-263.

[28] TANG C S, WANG Y, ZHAO M. The implications of utilizing market information and adopting agricultural advice for farmers in developing economics [J]. Production & Operations Management, 2015, 24 (8): 1197-1215.

[29] TANG C H, ZHU S J, CAO E B. Equilibrium analysis of a dual-channel supply chain under different market powers [J]. Australian Economic Papers, 2018, 57 (1): 19-34.

[30] TAYLOR T, XIAO W. Does a manufacturer benefit from selling to a better-forecasting retailer? [J]. Management Science, 2010, 56 (9): 1584-1598.

[31] THANGAM A. Optimal price discounting and lot-sizing policies for perishable items in a supply chain under advance payment scheme and two-echelon trade credits [J]. International Journal of Production Economics, 2012, 139 (2): 459-472.

[32] TUAN N P. Contract farming and its impact on income and livelihoods for small-scale farmers: Case study in Vietnam [J]. Journal of Agribusiness & Rural Development, 2012, 4 (26): 147-166.

[33] WANG Y, XIN L, LI X, et al. Impact of land use rights transfer on household labor productivity: A study applying propensity score matching in Chongqing, China [J]. Sustainability, 2016, 9 (1): 4.

[34] WU J, FAN J, HE Y. Pricing and horizontal information sharing in a supply chain with capacity constraint [J]. Operations Research Letters, 2018, 46 (4): 402-408.

[35] WU S Y. Adapting contract theory to fit contract farming [J]. American Journal of Agricultural Economics, 2015, 96 (5): 1241-1256.

[36] YUE X, LIU J. Demand forecast sharing in a dual-channel supply chain [J]. European Journal of Operational Research, 2006, 174 (1): 646-667.

[37] ZHANG Y, HUANG Z H. Identifying risks inherent in farmer cooperatives in China [J]. China Agricultural Economic Review, 2014, 6 (2): 335-354.

[38] ZHANG H. Information sharing in a supply chain with a make-to-stock manufacturer [J]. Omega, 2015, 50: 115-125.

[39] ZHANG R, MA W, LIU J. Impact of government subsidy on agricultural production and pollution: A game-theoretic approach [J]. Journal of Cleaner Production, 2021 (285): 124806.

[40] ZHONG Y, LAI IKW, GUO F, et al. Research on government subsidy strategies for the development of agricultural products e-commerce [J]. Agriculture, 2021, 11 (11): 1152.

[41] 陈永辉，涂虹羽，曾燕. 农业供应链金融的贷款定价与生产调节机制 [J]. 系统工程理论与实践，2018，38 (7): 1706-1716.

[42] 戴德宝，周丹，范体军. 农业供应链金融的减贫效应及传导机制研究 [J]. 统计与决策，2022，38 (14): 60-64.

[43] 杜鑫，张贵友. 土地流转对农村居民收入分配的影响——基于2020年10省份农户调查数据的实证分析 [J]. 中国农村经济，2022 (5): 107-126.

[44] 葛岩，吴海霞. 非农收入、土地流转与农户农业生产性投资 [J]. 管理评论，2023，35 (8): 3-14.

[45] 郭金森，周永务，嵇凯. 带有资金约束的风险厌恶零售商的双渠道供应链运作策略 [J]. 运筹与管理，2017，26 (4): 28-36.

[46] 伏红勇，但斌．天气影响产出下“公司+农户”模式的风险补偿协调契约 [J]．管理工程学报，2015，29（2）：175-181.

[47] 伏红勇，但斌．不利天气影响下“公司+农户”型订单契约设计 [J]．中国管理科学，2015，23（11）：128-137.

[48] 伏红勇，但斌．基于天气期权的“公司+农户”型订单契约机制研究 [J]．系统工程学报，2015，30（6）：768-778.

[49] 韩长赋．新中国农业发展70年 [M]．北京：中国农业出版社，2019.

[50] 黄建辉，叶飞，林强，等．随机产出下考虑资金约束的农产品供应链补贴机制研究 [J]．管理学报，2017（2）：277-285.

[51] 金雁南，田林．信息不对称下供应链成员的决策顺序研究 [J]．中国管理科学，2019，27（11）：158-165.

[52] 李波，孙鹏，李庆华．双渠道供应链中信息共享价值研究 [J]．系统工程学报，2015，30（4）：530-538.

[53] 林彤，宋戈，乔元波．东北农产品主产区农户主导型农村土地流转价格影响因素 [J]．农业工程学报，2017，33（18）：260-266.

[54] 刘丹，赵彤，李太平，等．资金约束下订单农业供应链的政府补贴方式选择 [J]．统计与决策，2022，38（24）：159-163.

[55] 李守伟，李光超，李备友．农业污染背景下农业补贴政策的作用机理与效应分析 [J]．中国人口·资源与环境，2019，29（2）：97-105.

[56] 刘凤芹．不完全合约与履约障碍——以订单农业为例 [J]．经济研究，2003（4）：22-30.

[57] 马晓河，崔红志．建立土地流转制度，促进区域农业生产规模化经营 [J]．管理世界，2002（11）：63-77.

[58] 梅福林．我国农村土地流转的现状与对策 [J]．统计与决策，2006（19）：46-48.

[59] 穆松林，张义丰，高建华，等．村域土地承包经营权流转价格研究 [J]．资源科学，2011，33（5）：923-928.

[60] 彭红军，庞涛．农业补贴政策下订单农业供应链融资与运作策略研究 [J]．管理工程学报，2020，34（5）：155-163.

[61] 彭红军，杨梦．期权合约下基于CVaR的订单农业供应链协调研究 [J]．运筹与管理，2023，32（3）：131-136.

[62] 浦徐进，范旺达，吴亚．不同契约下的农户与公司双边努力投入研究 [J]．系统工程学报，2016，31（2）：242-253.

[63] 宋戈，林彤．东北粮食主产区农村土地承包经营权规模化流转定价机制研究——以黑龙江省克山县为例 [J]．中国土地科学，2016，30（6）：

44-51.
[64] 孙云飞，吴学兵，袁玉青．玉米价格、农地流转租金与农业产业结构研究［J］．玉米科学，2023，31（3）：174-180.
[65] 涂国平，冷碧滨，贾仁安．基于基模生成集核的“公司+农户+期货、期货期权”系统基模［J］．系统工程理论与实践，2011，31（5）：961-969.
[66] 万骁乐，王坤燕，张坤程．考虑不同权力结构的供应链知识产权质押融资决策研究［EB/OL］．［2023-03-10］．https：//kns.cnki.net/KCMS/detail/detail. aspx? dbcode=CAPJ&filename=ZGGK2023021500H&dbname=CAPJLAST.
[67] 王能民，徐菁，王梦丹．制造商与零售平台物流协同共建策略：基于不同权力结构的研究［J］．系统工程理论与实践，2023，43（4）：1156-1182.
[68] 王文利，骆建文，李彬．需求依赖价格下的供应链预付款融资策略［J］．系统管理学报，2014，23（5）：642-649.
[69] 王喜平，郄少媛．碳交易机制下供应链CCS投资时机研究［J］．管理工程学报，2020，34（2）：124-130.
[70] 王亚飞，黄勇，唐爽．龙头企业与农户订单履约效率及其动因探寻——来自91家农业企业的调查资料［J］．农业经济问题，2014，35（11）：16-25.
[71] 王亚飞，唐爽．我国农业产业化进程中龙头企业与农户的博弈分析与改进——兼论不同组织模式的制度特性［J］．农业经济问题，2013，34（11）：50-57.
[72] 王永明，秦翠平．气候风险下考虑政府补贴的订单农业契约设计［J］．软科学，2017（7）：60-65.
[73] 王正宇．城镇化过程中我国农村土地流转障碍与金融支持［J］．农业经济，2018（8）：86-88.
[74] 王震，辛贤．土地跨村流转能否实现粮食生产率增长？——基于15省农户调查数据的实证分析［J］．中国农村观察，2022（2）：2-18.
[75] 王志宏，施金钰，郭剑锋，等．基于预售融资和银行融资组合策略的风险规避供应链的决策研究［J］．中国管理科学，2023，31（6）：91-99.
[76] 魏杰，常美静．基于电商平台的定价顺序和销售模式选择［J］．系统工程，2021，39（1）：94-100.
[77] 吴学兵，丁建军．发达国家农业现代化的主要做法及其启示——以美法日为例［J］．农业经济，2016（9）：10-12.
[78] 吴建祖，宣慧玉．创新能力不对称企业研发投资策略时机研究［J］．中国

管理科学，2006（6）：135-139.
[79] 乌云花，翟德昕．土地租金对农户转入土地规模的影响研究——基于种植结构的调节作用［J］．农业经济与管理，2023（5）：62-70.
[80] 谢家平，刘丹．"农业社会企业+农户"模式下政府补贴方式选择：目标价格相对于面积补贴［J］．管理工程学报，2023（1）：89-97.
[81] 熊峰，彭健，金鹏，等．生鲜农产品供应链关系契约稳定性影响研究——以冷链设施补贴模式为视角［J］．中国管理科学，2015，23（8）：102-111.
[82] 杨晨辉，刘新梅，魏振祥．"公司+农户"模式下公司的最优套期保值和订单价格方式［J］．系统工程理论与实践，2012，32（8）：1655-1661.
[83] 杨晨辉，刘新梅，魏振祥．"公司+农户"模式下公司的期货价差套期保值策略与订单价格［J］．系统工程，2012（10）：63-68.
[84] 叶飞，黄建辉，林强．资金约束下订单农业供应链中的农户最优决策［J］．系统工程理论与实践，2017，37（6）：1467-1478.
[85] 叶飞，蔡子功．"随行就市，保底收购"还是"土地入股"？——农户加盟农业组织模式的两难抉择［J］．系统工程理论与实践，2019，39（8）：2049-2057.
[86] 叶飞，林强．销售价格受产出率影响下订单农业的定价模型［J］．系统工程学报，2015，30（3）：417-430.
[87] 叶飞，林强，莫瑞君．基于B-S模型的订单农业供应链协调机制研究［J］．管理科学学报，2012，15（1）：66-76.
[88] 叶飞，王吉璞．产出不确定条件下"公司+农户"型订单农业供应链协商模型研究［J］．运筹与管理，2017，26（7）：82-91.
[89] 姚冠新，徐静．产出不确定下的农产品供应链参与主体决策行为研究［J］．工业工程与管理，2015，20（2）：16-22.
[90] 余星，张卫国，刘勇军．基于农业保险的农产品供应链补贴机制研究［J］．管理学报，2017，14（10）：1546-1552.
[91] 张成玉．农村土地流转中意愿价格问题研究——以河南省为例［J］．农业技术经济，2013（12）：64-72.
[92] 占济舟，张福利．供应链中商业信用的期限决策与协调机制［J］．系统管理学报，2014（6）：891-899.
[93] 周建，任露璐．资金约束下三层供应链的融资和定价决策研究［J］．运筹与管理，2017，26（1）：53-60.
[94] 周立群，曹利群．农村经济组织形态的演变与创新——山东省莱阳市农业产业化调查报告［J］．经济研究，2001（1）：69-75.

[95] 周业付. 基于进化博弈模型的“龙头企业+农户”订单履约机制研究 [J]. 统计与决策，2016 (22): 47-50.

[96] 周永务，黄香宁，曹彬，等. 公司参与扶贫下的订单农业供应链：生产决策，社会福利与政府补贴 [J]. 系统工程理论与实践，2022，42 (8): 2174-2195.

[97] 张旭梅，朱江华，但斌，等. 公益性影响下考虑主体差异的生鲜农产品政府补贴策略 [J]. 管理工程学报，2022，36 (4): 230-239.

[98] 张李浩，杨杰. 考虑零售商资金约束的双渠道供应链信息共享与融资决策 [J]. 管理评论，2023，35 (5): 280-291.

[99] 钟钰，陈金波. 农户对不同类型农业产业带动模式选择——基于一个博弈理论模型 [J]. 农业现代化研究，2016，37 (6): 1107-1113.

[100] 朱雷，王国红，王聪. 不同融资模式下“公司+农户”订单农业供应链运营决策 [J]. 工业工程与管理，2019，24 (5): 16-21; 31.

附录

（1）引理3.1的证明

采用逆向求解法：

求农户期望利润$E\left[\left(wz'q - c(z'q)^2\right)\middle|I\right] = \left[w\gamma\mu_y q - c(\sigma_y^2 + \gamma^2\mu_y^2)q^2\right]\middle|I$关于$q|I$的一阶偏导数，并令其为0，可得：

$$\left[w\gamma\mu_y - 2c(\sigma_y^2 + \gamma^2\mu_y^2)q\right]\Big|I = 0$$

得出 $q|I = \dfrac{\gamma^2\mu_y}{2c(\sigma_y^2 + \gamma^2\mu_y^2)} w|I$

求公司期望利润函数$E\left[(\alpha M - bz'q - w)(z'q)\middle|I\right]$$= \alpha\gamma\mu_y\left[\mu_M + \rho\dfrac{\sigma_M}{\sigma_I}(I - \mu_I)\right]q_i\Big|I - b(\sigma_y^2 + \gamma^2\mu_y^2)q^2\Big|I - \gamma\mu_y(wq)\Big|I$关于$w|I$的一阶偏导数，并令其为0，可得：

$$\gamma\mu_y\alpha\left[\mu_M+\rho\frac{\sigma_M}{\sigma_I}(I-\mu_I)\right]\frac{\partial q|I}{\partial w|I}-2b(\sigma_y^2+\gamma^2\mu_y^2)q|I\frac{\partial q|I}{\partial w|I}-\gamma\mu_y q|I-\gamma\mu_y w|I\frac{\partial q|I}{\partial w|I}=0$$

由 $q|I=\frac{\gamma\mu_y}{2c(\sigma_y^2+\gamma^2\mu_y^2)}w|I$ 可得 $\frac{\partial q|I}{\partial w|I}=\frac{\gamma\mu_y}{2c(\sigma_y^2+\gamma^2\mu_y^2)}$，代入上式可得：

$$\gamma\mu_y\alpha\left[\mu_M+\rho\frac{\sigma_M}{\sigma_I}(I-\mu_I)\right]\frac{\gamma\mu_y}{2c(\sigma_y^2+\gamma^2\mu_y^2)}-b\frac{\gamma^2\mu_y^2}{2c^2(\sigma_y^2+\gamma^2\mu_y^2)}w|I-\frac{\gamma^2\mu_y^2}{c(\sigma_y^2+\gamma^2\mu_y^2)}w|I=0$$

即 $\alpha\left[\mu_M+\rho\frac{\sigma_M}{\sigma_I}(I-\mu_I)\right]-\left(\frac{b}{c}+2\right)(w|I)=0$

得出 $w^{YY}|I=\frac{\alpha\left[\mu_M+\rho\frac{\sigma_M}{\sigma_I}(I-\mu_I)\right]c}{2c+b}$，$q^{YY}|I=\frac{\gamma\mu_y\alpha\left[\mu_M+\rho\frac{\sigma_M}{\sigma_I}(I-\mu_I)\right]}{2(\sigma_y^2+\gamma^2\mu_y^2)(2c+b)}$

代入农户和公司利润函数，可得：

$$\pi_F^{YY}|I=\gamma\mu_y w^{YY}|I\cdot q^{YY}|I-c(\sigma_y^2+\gamma^2\mu_y^2)(q^{YY}|I)^2$$

$$=\frac{(\gamma\mu_y)^2}{4c(\sigma_y^2+\gamma^2\mu_y^2)}(w|I)^2$$

$$=\frac{(\alpha\gamma\mu_y)^2}{4(\sigma_y^2+\gamma^2\mu_y^2)}\frac{\left[\mu_M+\rho\frac{\sigma_M}{\sigma_I}(I-\mu_I)\right]^2c}{(2c+b)^2}$$

$$\pi^{YY}|I=\alpha\gamma\mu_y\left[\mu_M+\rho\frac{\sigma_M}{\sigma_I}(I-\mu_I)\right]q|I-b(\sigma_y^2+\gamma^2\mu_y^2)q^2|I-\frac{\gamma^2\mu_y^2}{2c(\sigma_y^2+\gamma^2\mu_y^2)}(w^{YY}|I)^2$$

$$=\frac{\left\{\gamma\mu_y\alpha\left[\mu_M+\rho\frac{\sigma_M}{\sigma_I}(I-\mu_I)\right]\right\}^2}{4(\sigma_y^2+\gamma^2\mu_y^2)(2c+b)}$$

两边关于I求期望，可得定理3.1。

令定理3.1中 $\alpha=\gamma=1$ 且 $\rho=0$，得定理3.2。

令定理3.1中 $\alpha=\gamma=1$，得定理3.3。

令定理3.1中 $\rho=0$，得定理3.4。

（2）定理3.5的证明

由不同情况下均衡销量表达式可知 $q^{YY}=q^{NY}$，$q^{YN}=q^{NN}$，又 $q^{YY}-$

$$q^{YN}=\frac{\mu_y\mu_M\left[\alpha\gamma(\sigma_y^2+\mu_y^2)^2-(\sigma_y^2+\gamma^2\mu_y^2)^2\right]}{2(b+2c)(\sigma_y^2+\gamma^2\mu_y^2)^2(\sigma_y^2+\mu_y^2)^2}>0$$，可得定理3.5。

（3）定理3.6的证明

由不同情况下均衡销量表达式可知 $w^{YY}=w^{NY}$，$w^{YN}=w^{NN}$，又 $w^{YY}-w^{YN}=\frac{\mu_M c(\alpha-1)}{(b+2c)}>0$，可得定理3.6。

（4）定理3.7的证明

由公式（3.1）可得：

$$p^{YY}=p^{NY}=\frac{\alpha\mu_M\left[(2b+2c)(\sigma_y^2+\gamma^2\mu_y^2)^2-b\gamma\mu_y\right]}{2(b+2c)(\sigma_y^2+\gamma^2\mu_y^2)^2}$$

$$p^{YN}=p^{NN}=\frac{\mu_M\left[(2b+2c)(\sigma_y^2+\mu_y^2)-b\mu_y\right]}{2(b+2c)(\sigma_y^2+\mu_y^2)}$$

又

$$p^{YY}=p^{NN}=\frac{\mu_M\left\{\begin{array}{l}\alpha(\sigma_y^2+\mu_y^2)\left[(2b+2c)(\sigma_y^2+\gamma^2\mu_y^2)^2-b\gamma\mu_y\right]\\-(\sigma_y^2+\gamma^2\mu_y^2)^2\left[(2b+2c)(\sigma_y^2+\mu_y^2)-b\mu_y\right]\end{array}\right\}}{2(b+2c)(\sigma_y^2+\gamma^2\mu_y^2)^2(\sigma_y^2+\mu_y^2)}$$

可得定理3.7。

（5）定理3.8的证明

$$\pi_F^{YY}-\pi_F^{YN}=\frac{\mu_y^2c(p^2\sigma_M^2+\mu_M^2)(\alpha^2\gamma^2\mu_y^2+\alpha^2\gamma^2\sigma_y^2-\gamma^2\mu_y^2-\sigma_y^2)}{4(\gamma^2\mu_y^2+\sigma_y^2)(b+2c)^2(\sigma_y^2+\mu_y^2)}>0$$

$$\pi_F^{YN}-\pi_F^{NN}=\frac{\mu_y^2c\rho^2\sigma_M^2}{4(b+2c)^2(\mu_y^2+\sigma_y^2)}>0$$

$$\pi_F^{YY}-\pi_F^{NY}=\frac{\alpha^2c\mu_y^2\gamma^2\rho^2\sigma_M^2}{4(\gamma^2\mu_y^2+\sigma_y^2)(b+2c)^2}>0$$

$$\pi_F^{NY}-\pi_F^{NN}=\frac{c\mu_y^2\rho^2\sigma_M^2}{4(\mu_y^2+\sigma_y^2)(b+2c)^2}>0$$

$$\pi_F^{YN}-\pi_F^{NY}=\frac{\mu_y^2c\left[(\rho^2\sigma_M^2+\mu_M^2)(\gamma^2\mu_y^2+\sigma_y^2)-\alpha^2\mu_M^2\gamma^2(\mu_y^2+\sigma_y^2)\right]}{4(b+2c)^2(\mu_y^2+\sigma_y^2)(\gamma^2\mu_y^2+\sigma_y^2)}$$

得出 $\hat{\alpha}_2$，因此，可得定理3.8①；同理，可得定理3.8②。

（6）推论 3.2 的证明

$$①(\pi_E^{NY}-\pi_E^{NN})-(\pi_F^{NY}-\pi_F^{NN})=\frac{\mu_y^2\mu_M^2(c+b)\left[(\alpha^2-1)\gamma^2u_y^2+(\alpha^2\gamma^2-1)\sigma_y^2\right]}{4(\gamma^2\mu_y^2+\sigma_y^2)(2c+b)^2(\mu_y^2+\sigma_y^2)}>0$$

② 若公司选择投资以获得生产建议，需$(\pi_E^{NY}-K)-\pi_E^{NN}>0$，可得推论 3.2。

索引